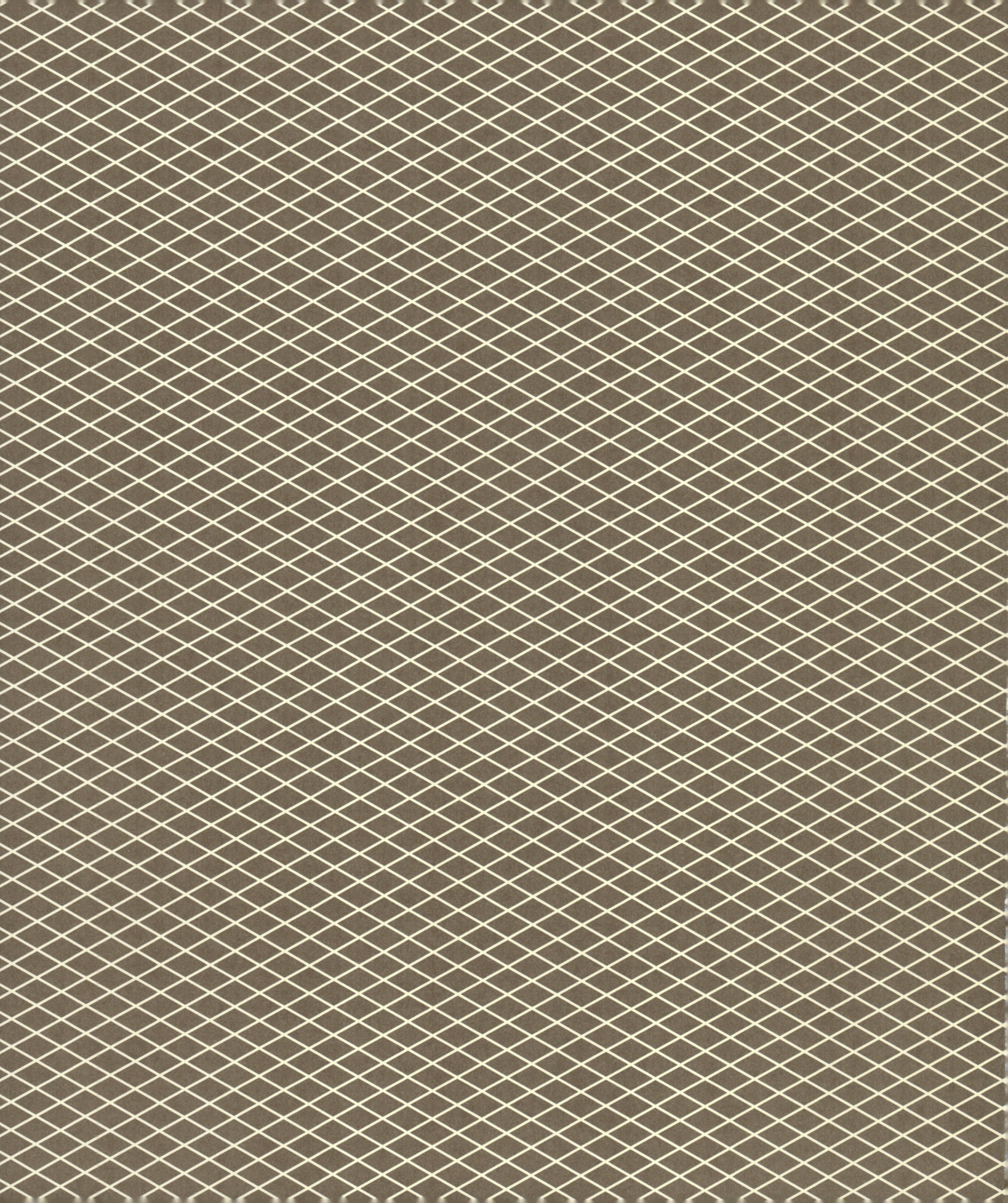

MINECRAFT

MOJANG

마인크래프트

공식 가이드북 : 중세의 요새

Minecraft Exploded Builds: Medieval Fortress
First published in Great Britain 2016 by Egmont UK Limited, The Yellow Building, 1 Nicholas Road
London W11 4AN

Written by Craig Jelley.
Designed by Joe Bolder, Ryan Marsh and Martin Johansson/Mojang AB.
Illustrations by Joe Bolder and Ryan Marsh. Production by Louis Harvey.
Special thanks to Lydia Winters, Owen Hill, Markus Toivonen Martin Johansson, Marsh Davies and Jesper
Oqvist.

A big thank you to all of our testers: Adam Rayment, Alex Gibberd, Alexander Parker, Bailey Whitehead
Browne, Cormac Gilmore, Daniel Scott Phillips, Eden Kneale, Emma Verghese, Ethan Wilson, Fred Fox,
Isaac Riordan, Jack Dillon, Jack Moody, Jackson Givens, Jane Simmons, Joseph Sneddon, Marco Kahlhamer,
Miranda Ryan-White, Molly Ellerbeck, Noah Killeen, Oliver Berridge, Oscar Riordan, Sami Fyfe, Skye
Ingram, Theo Smith, Thomas Dillon, Thomas Hone, Wilfred Weston.

Korean translation copyright 2016 by Youngjin.com Inc.

This edition is published by arrangement with Egmont UK Limited through Kids Mind Agency, Korea.

MOJANG

이 책의 한국어판 저작권은 키즈마인드 에이전시를 통해
Egmont UK Limited와 독점계약한 ㈜영진닷컴에 있습니다.
신 저작권법에 의해 한국 내에서 보호를 받는 저작물이므로 무단 전재와 복제를 금합니다.

1판 1쇄 2016년 10월 30일
1판 2쇄 2017년 4월 20일

ISBN 978-89-314-5411-6

발행인 김길수
발행처 (주)영진닷컴
주 소 서울특별시 금천구 가산디지털1로24 대륭 13차 10층
등 록 2007. 4. 27. 제16-4189호

Staff
번역 김성원 / 진행 김태경 / 편집 지화경

MINECRAFT

MOJANG

공식 가이드북 : 중세의 요새

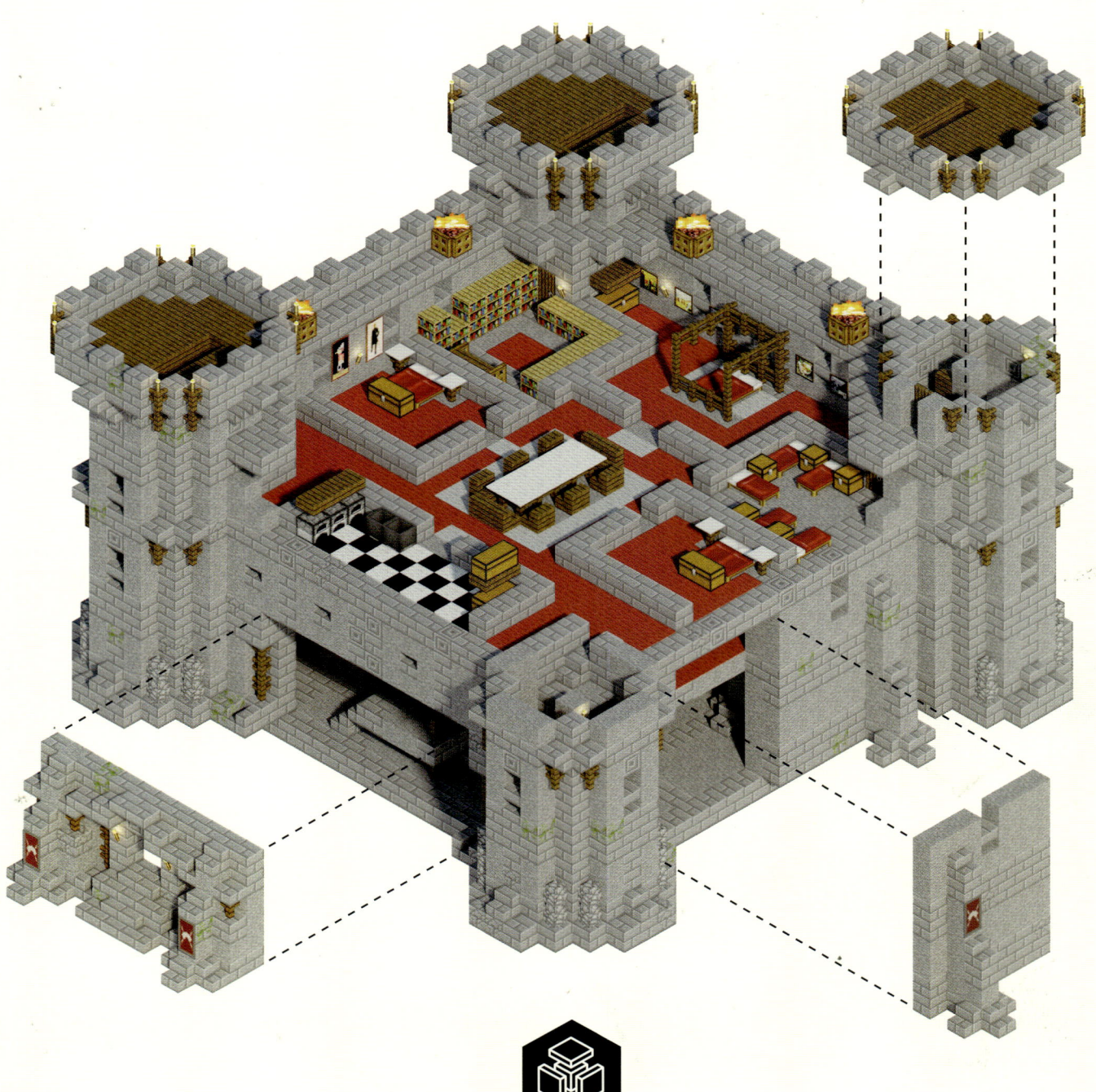

건축 설계도

차례

◆ 성

◆ 마을

◆ 함정

요새의 배치

여러분 왕국의 전체 배치도는 그 안에 있는 건물들만큼이나 중요합니다.
다음은 건물의 각 페이지를 참조하여 가이드로 삼을 만한 왕국 지도의 사례입니다.
적들보다 유리한 고지를 선점하기 위해서는 가능한 높은 곳에 성을 지으세요.

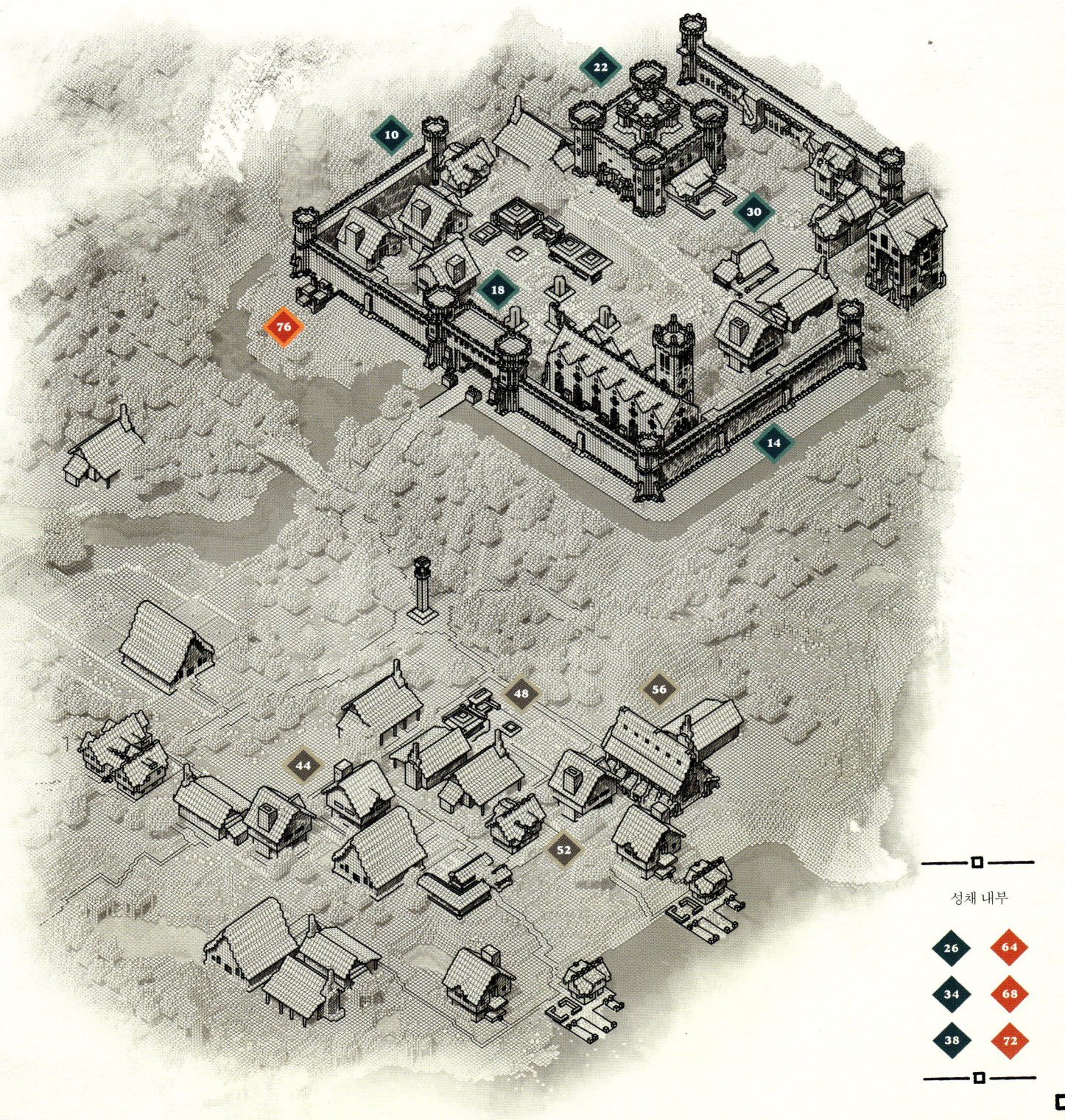

성채 내부

소개

중세 건축 설계 교실에 오신 것을 환영합니다.

이 책은 여러분에게 자신만의 놀라운 중세 왕국을 건설하는 방법을 가르쳐 줄 것입니다.

건축 설계도는 건물 별로 각 파트들을 분리시켜 정확히 어떤 방법으로 건축물을 만드는지 볼 수 있으며,

건물의 각 부품들을 재치있게 혼합하여 여러분 만의 고유한 왕국을 만들 수 있도록 새로운 아이디어를 제공합니다.

이 책이 끝날 쯤에는 여러분 만의 중세 왕국을 가질 수 있을 것입니다.

강화된 벽, 우뚝 솟은 포탑과 웅장한 알현실로 왕국 통치를 위한 군건한 성을 건설할 것입니다.

바쁘게 움직이는 시장, 고풍스런 주택, 활기 넘치는 선술집 등

여러분의 성을 둘러싼 북적거리는 마을도 있을 것입니다.

그리고 이 모든 것은 기발한 방법으로 만들어진 방어 수단으로 보호를 받아,

초대받지 않은 침입자들의 습격에 대비할 것입니다.

 이 책에는 유용한 많은 기능들이 있습니다, 여러분은 중세의 요새를 설계하기 전에 이 책에서 제시하는 건축 설계도를 이해하기 위해 도움이 될만한 몇 가지 중요 사항들을 살펴 보아야 합니다.

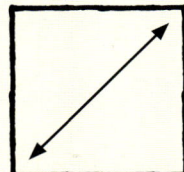

치수선

치수선은 건물의 크기나, 건물의 부분을 표시합니다. 이것은 블록의 개수로 측정합니다.

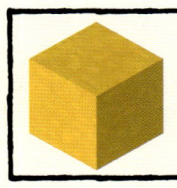

노란색 점토

이 블록은 레드스톤이 잘 보이도록 합니다. 건물을 만들 때 다른 타입의 블록을 사용할 수도 있습니다.

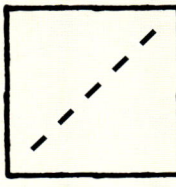

연결선

이 점선들은 서로 다른 부분들이 조립되는 방법과 정확히 알맞은 위치가 어디인지를 보여줍니다.

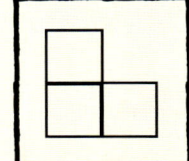

청사진

이것은 블록의 배치와 전체를 나타내기에 너무 큰 건물이나 복잡한 건물들을 보여주기 위해, 이 책 전반에 걸쳐 자주 나타납니다.

파단선

파단선은 건물의 서로 다른 요소들이 얼마나 멀리 떨어져 있어야 하는지 간격을 보여주기 위해 사용합니다.

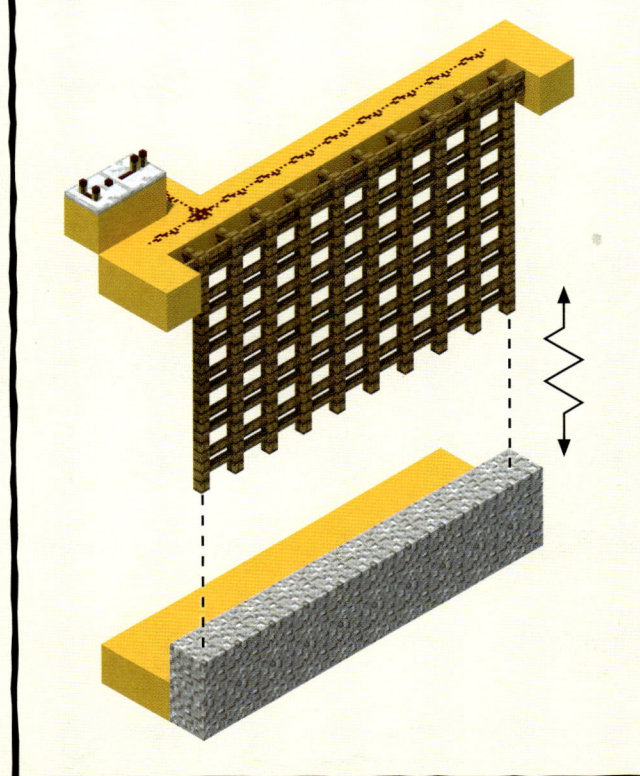

인접선

몇몇 블록들은 다른 블록들과 연결되는 하나의 모서리가 있습니다. 이 선은 그들이 만나는 라인을 보여줍니다. 블록을 배치하기 위해, 한 쪽 모서리를 공유하는 여분의 블록을 추가할 수 있습니다. 작업이 끝난 후에는 여분의 블록을 제거합니다.

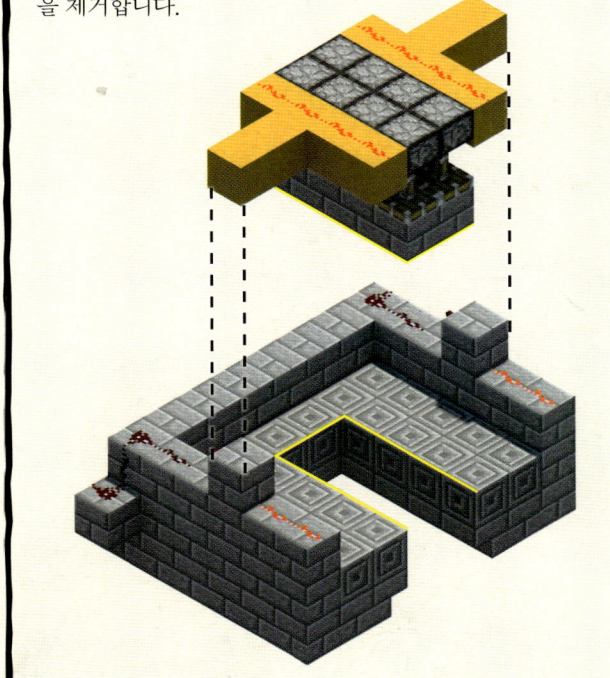

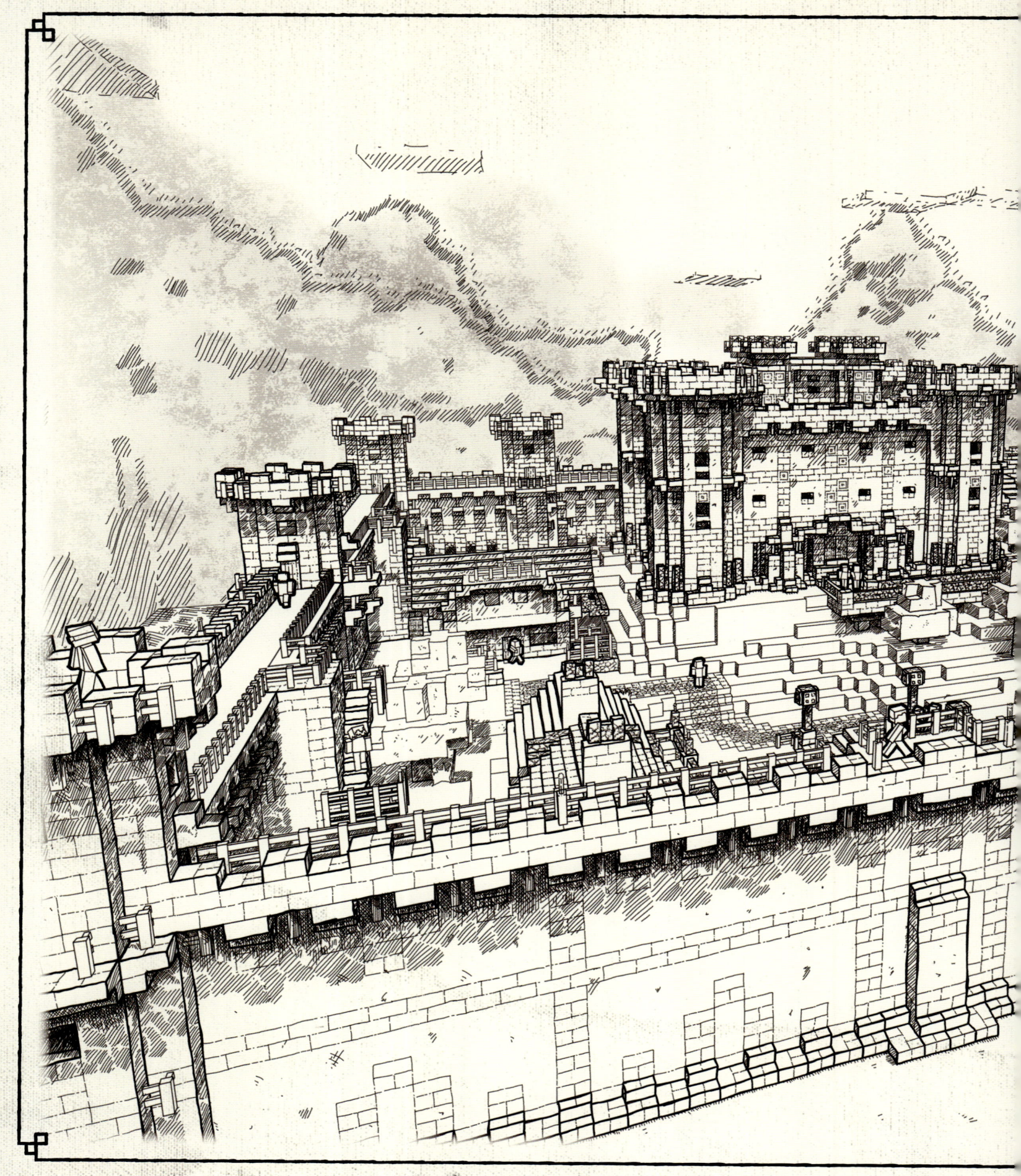

포탑

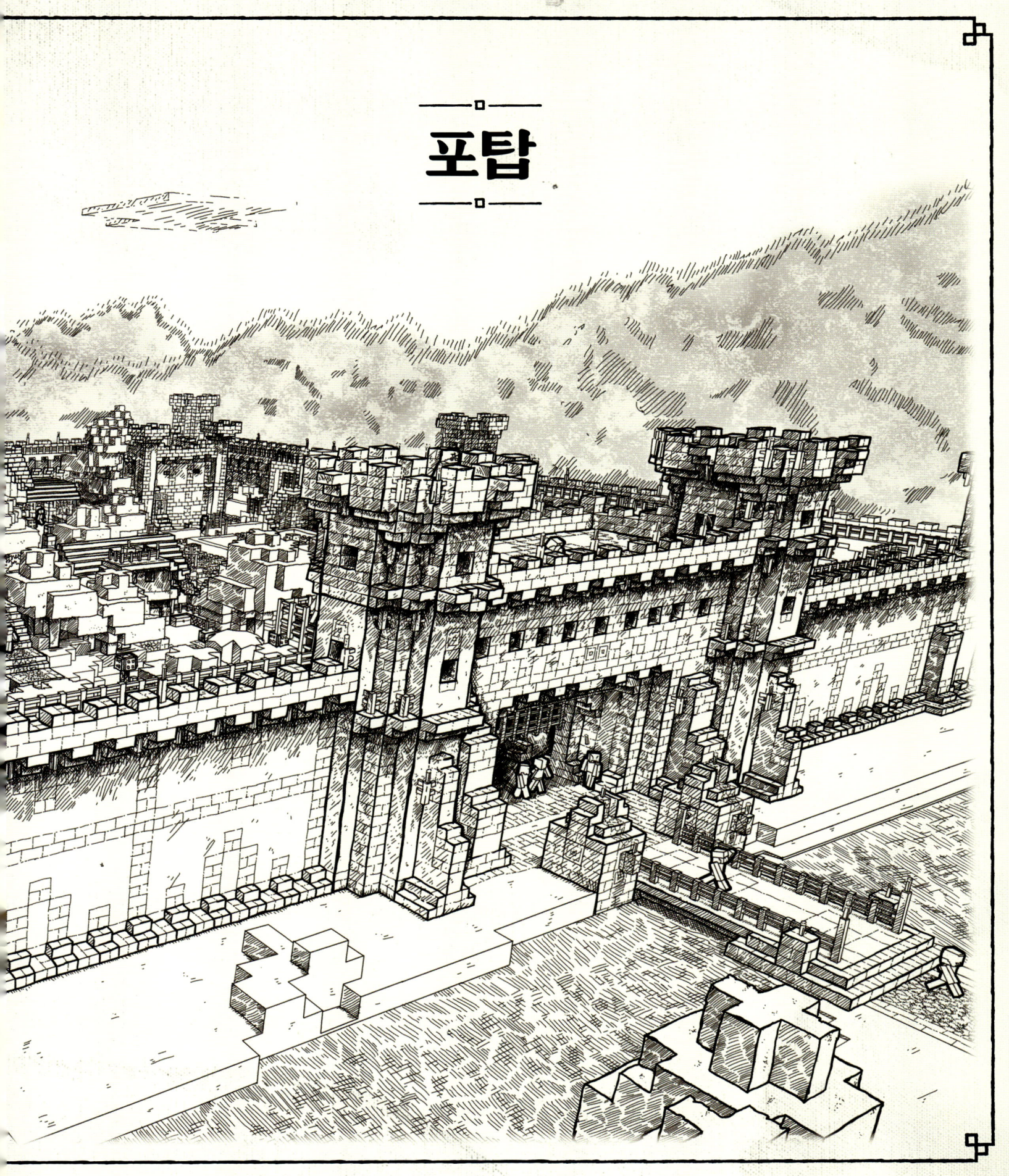

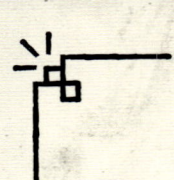

포탑

🕐 30분 **①** ② ③ ④ 완전 초보

여러분의 성은 크리퍼와 좀비 그리고 다른 침략자들을 막기 위하여 그들이 접근하는 것을 볼 수 있어야 합니다.
여러분의 요새에 우선 배치할 것은 석재 벽돌 블록으로 만든 포탑입니다.
포탑은 넓은 영역을 관찰할 수 있도록 도와주며, 먼 거리의 적을 식별할 수 있습니다.
요새를 둘러싼 벽들이 교차하는 모퉁이에 포탑을 추가하여 왕국 전체를 살펴 볼 수 있습니다.

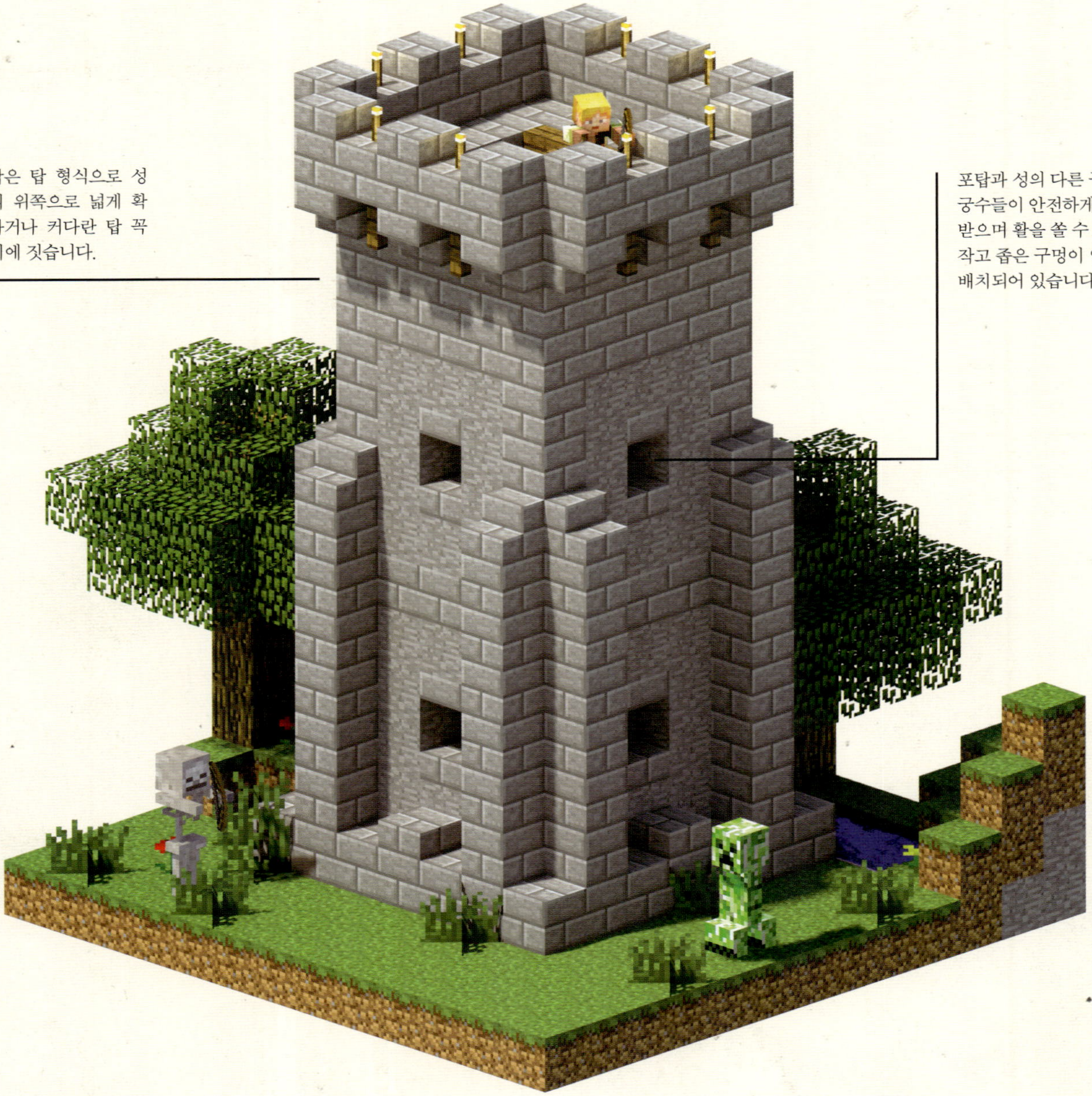

포탑은 탑 형식으로 성
벽의 위쪽으로 넓게 확
장하거나 커다란 탑 꼭
대기에 짓습니다.

포탑과 성의 다른 구조물에는
궁수들이 안전하게 보호를
받으며 활을 쏠 수 있도록
작고 좁은 구멍이 연속적으로
배치되어 있습니다.

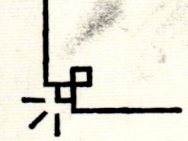
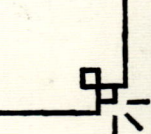

건축 설계도

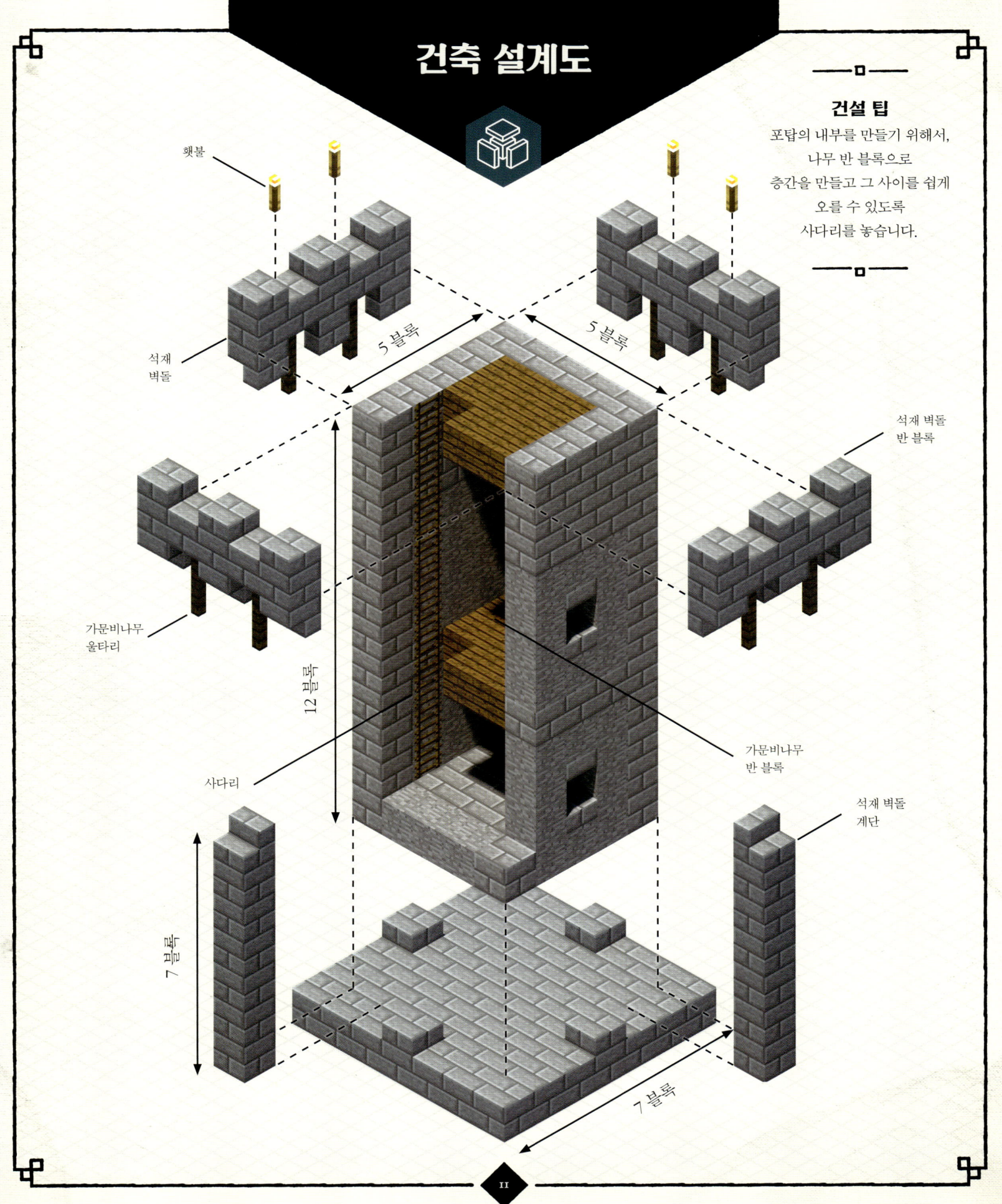

건설 팁

건설 팁

포탑의 내부를 만들기 위해서,
나무 반 블록으로
층간을 만들고 그 사이를 쉽게
오를 수 있도록
사다리를 놓습니다.

햇불

석재
벽돌

5 블록

5 블록

석재 벽돌
반 블록

가문비나무
울타리

12 블록

가문비나무
반 블록

사다리

석재 벽돌
계단

7 블록

7 블록

II

응용해 봅시다

지금까지 여러분은 기본적인 포탑을 만들었습니다. 이제 이것을 좀더 창의적으로 변경해 보겠습니다.
포탑의 모양을 바꾸기 위해, 사용한 블록을 변경하고 다양한 기능을 추가해서 독창적인 모습으로 만들 수 있습니다.
심지어 여러분의 성벽 모퉁이의 모든 포탑을 서로 다른 스타일을 가지도록 할 수도 있습니다.

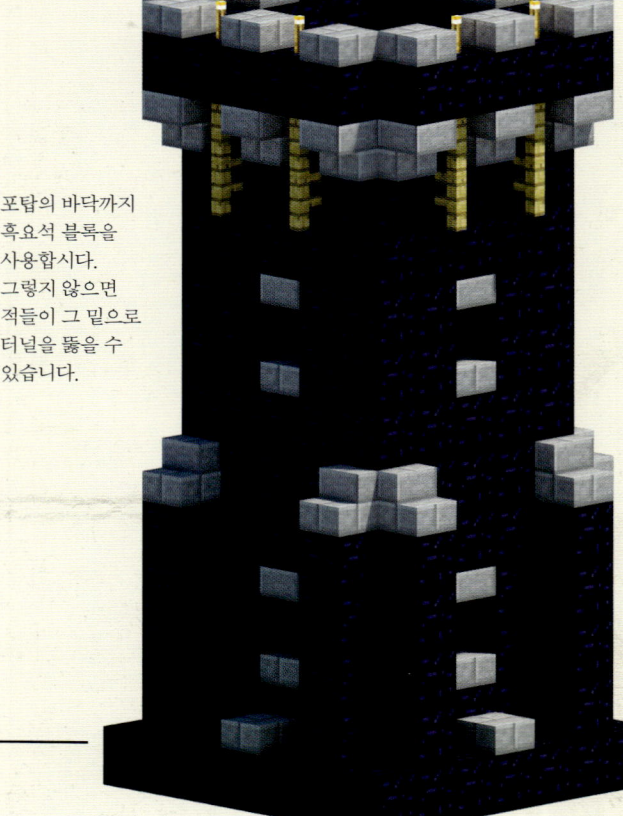

포탑의 바닥까지
흑요석 블록을
사용합시다.
그렇지 않으면
적들이 그 밑으로
터널을 뚫을 수
있습니다.

ⓘ 초강력 벽

강력한 포탑을 만들기 위해서 벽돌 반 블록을 흑요석으로 대신 합니다. 흑요석은 마인크래프트 세계에서 가장 강력한 블록이며, 폭발에 대한 저항이 가장 높습니다. 따라서, 크리퍼의 폭발이나 TNT 공격도 가볍게 견뎌냅니다.

흑요석은 반 블록이나
계단 블록이 없습니다.
따라서, 벽돌 반 블록들을
사용해야 합니다.

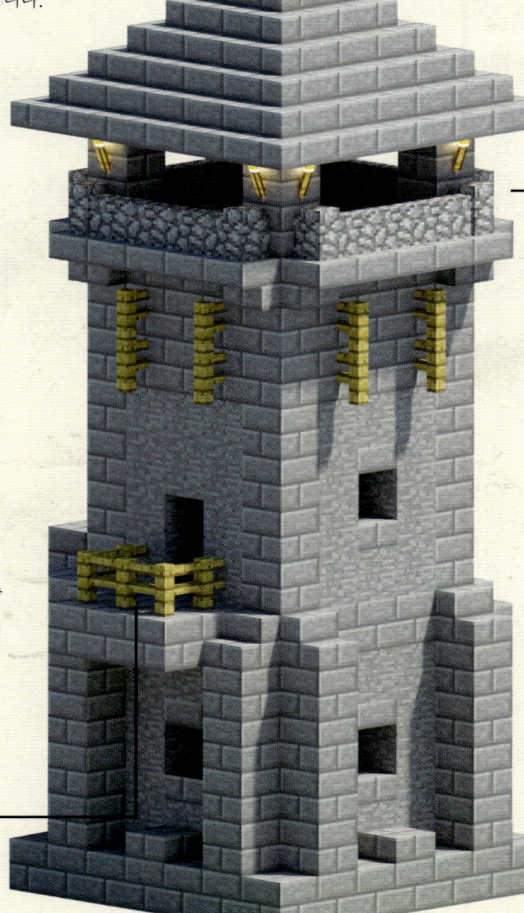

포탑 꼭대기의 가장
자리에 조약돌 벽 블
록을 추가하여 병사
들이 아래로 떨어지
지 않도록 합니다.

ⓘ 포탑 지붕

포탑에 지붕을 추가합니다. 높이나 모양은 상관없지만, 적들이 경비중인 병사들을 공격하지 못하거나 공격할 기회가 최소화되도록 만들어야 합니다. 지붕은 병사들이 살아남아 성을 방어하기 쉽도록 합니다.

접근하는 적들을 공격하기 위한
발사대를 만듭니다.

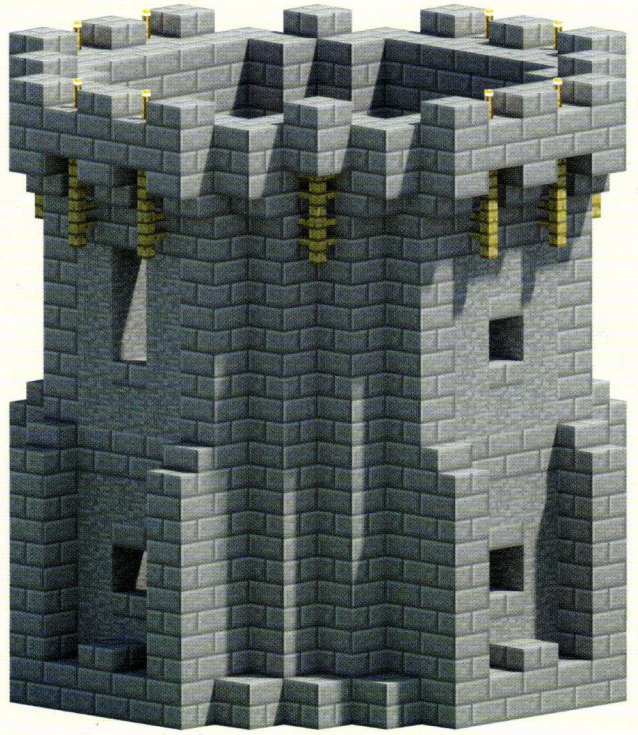

ⓘ 원통형

네모난 포탑도 좋지만 스타일을 바꿔 원통형으로 만들어 보
세요. 원통형 포탑은 성을 빙 둘러 360도로 관찰할 수 있습
니다. 따라서, 적이 어느 방향에서 다가오든 쉽게 발견할 수
있습니다.

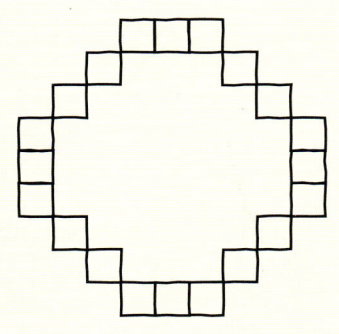

이런 방식으로 둥글게 블록들을 배치
한 다음, 원통형 포탑을 만들기 위해
위로 쌓아 올립니다.

원통형 포탑의 옆면과 꼭대기에 같은 스타일의 장식이 적용되어야 합
니다.

레드스톤 횃불은 침입자들의 시야를 방해하는 라이트 역할을 합니다.

ⓘ 나무 테마

더 다양하고, 소박한 모습을 제공하는 나무 블록으로 포탑 주변
의 돌 장식을 교체합니다. 모든 돌 블록은 나무로 대체될 수 있
으며, 이를 통해 서로 다른 스타일을 만들 수 있습니다.

하나로 이어진 나무 기
둥을 형성하도록, 벽에
붙이기 보다는 각각의
위에 나무 블록을 쌓는
것이 좋습니다.

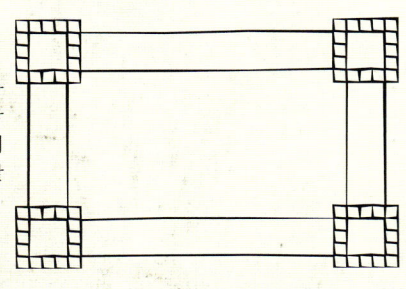

그림과 같이 두 개의 벽이 만나
는 곳에 포탑을 설치합니다. 감
시탑과 마찬가지로 내리닫이
쇠창살 문을 양쪽 옆에 추가할
수 있습니다.

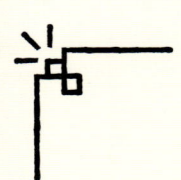

외벽

🕐 1시간 ❶ ❷ ③ ④ 쉬운 난이도

각각의 위치에 포탑이 완성되었다면, 이제 방어시설을 만들 시간입니다.
모든 건축물은 이 외벽 안쪽에 지을 것입니다. 따라서 공간이 충분한지 먼저 확인합시다. 벽은 외부의 침략으로부터의
첫 번째 방어라인이기 때문에, 내구성이 좋은 블록으로 만들어야 합니다. 나중에 포탑을 짓기 위해 벽의 일부를
제거할 수도 있지만, 무엇보다 중요한 것은 여러분의 요새에 알맞은 크기와 모양을 갖추는 것입니다

외벽의 상단에 있는 통로 영역
은 난간으로 인해 보호되고, 벽
에 볼록하게 튀어나온 가장자
리는 벽을 따라 걷는 사람들을
위험으로부터 지켜줍니다.

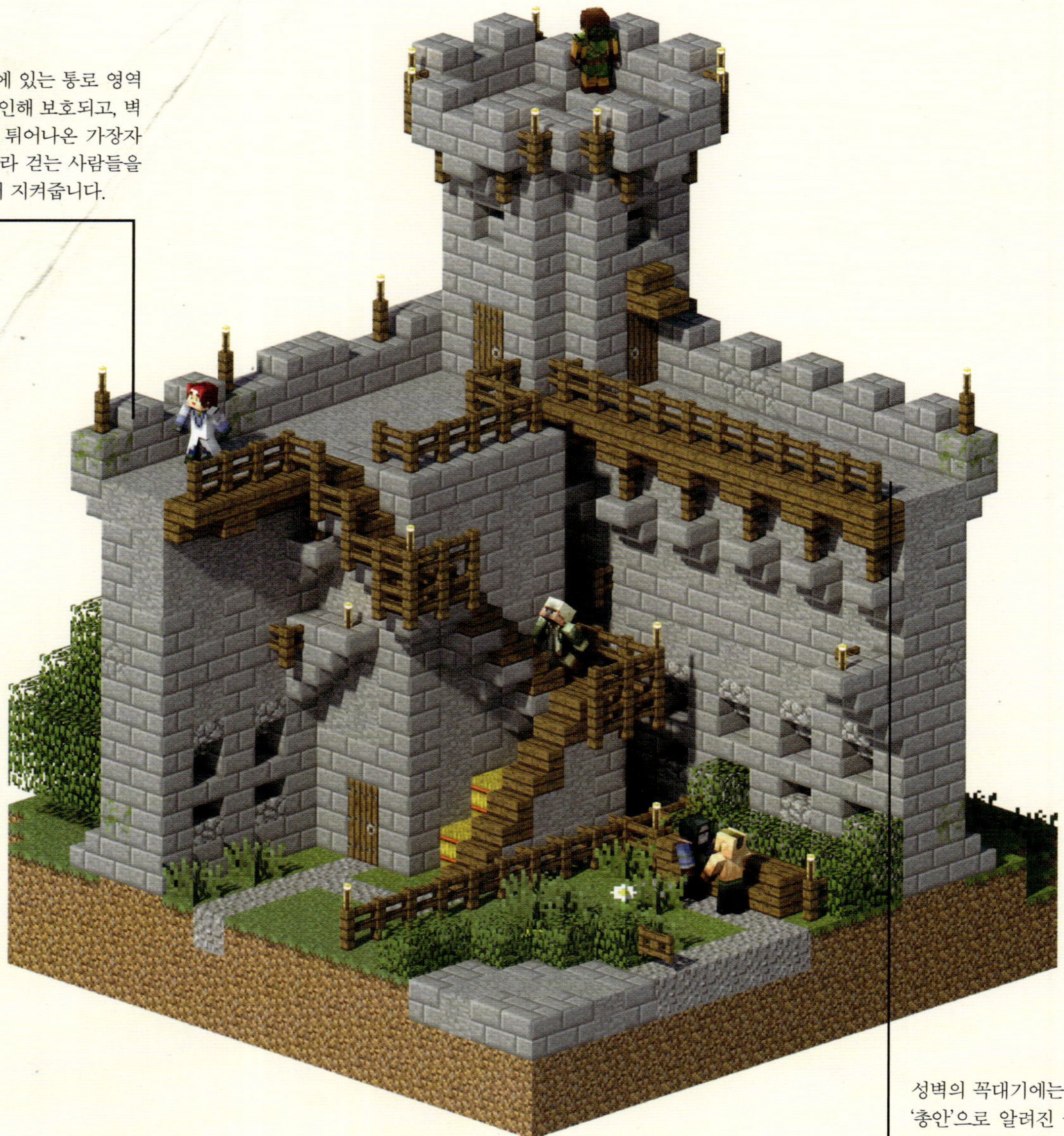

성벽의 꼭대기에는 일반적으로
'총안'으로 알려진 구멍이 있습
니다. 여기를 통해 성을 공격
하는 적들에게 돌이나 다른 공
격용 무기들을 떨어뜨릴 수 있
습니다.

건축 설계도

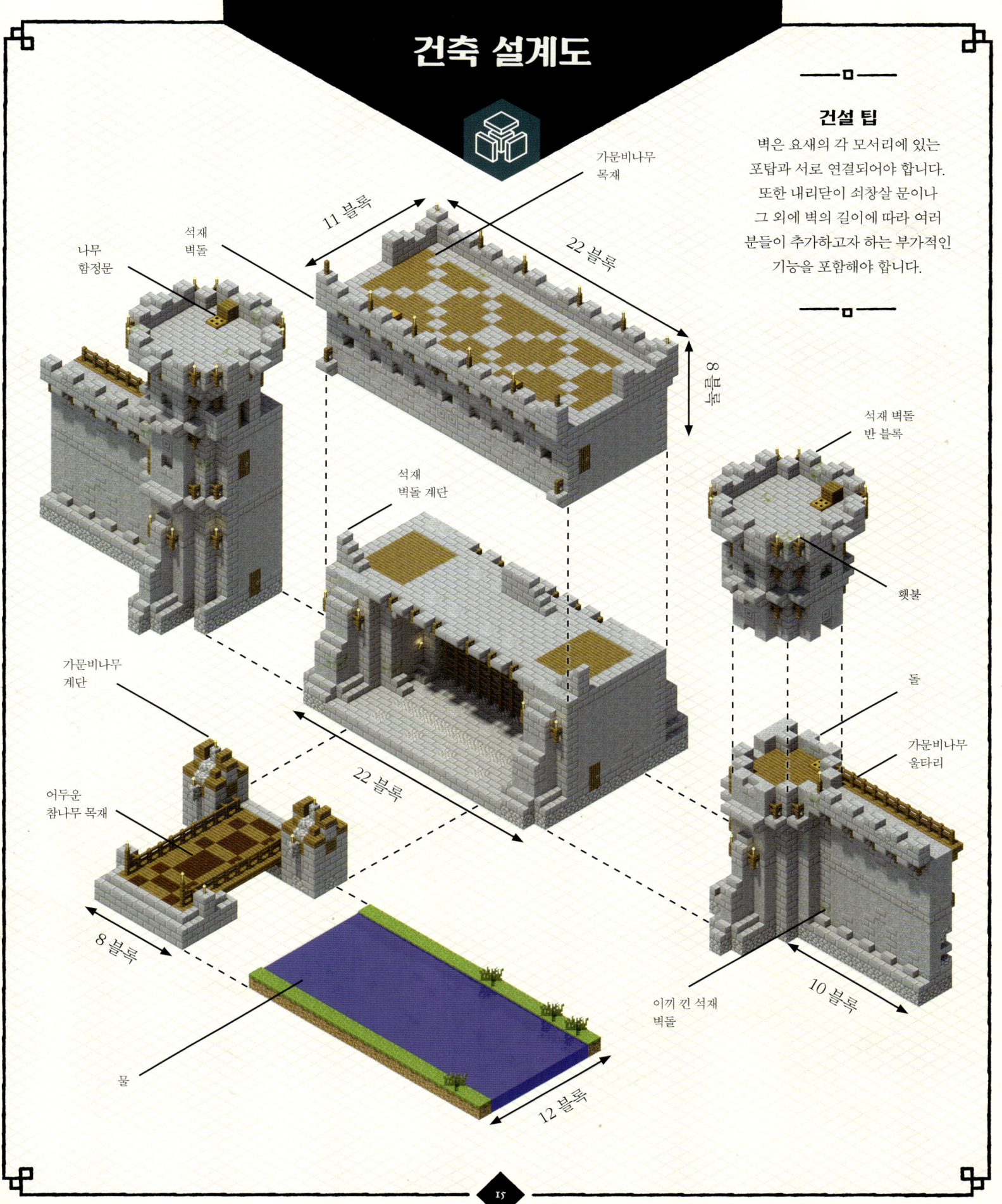

건설 팁

벽은 요새의 각 모서리에 있는
포탑과 서로 연결되어야 합니다.
또한 내리닫이 쇠창살 문이나
그 외에 벽의 길이에 따라 여러
분들이 추가하고자 하는 부가적인
기능을 포함해야 합니다.

가문비나무
목재

석재
벽돌

나무
함정문

11 블록

22 블록

8 블록

석재
벽돌 계단

석재 벽돌
반 블록

횃불

가문비나무
계단

어두운
참나무 목재

22 블록

돌

가문비나무
울타리

10 블록

이끼 낀 석재
벽돌

8 블록

물

12 블록

응용해 봅시다

지금까지 외부의 침입자를 막기에 충분한 높이로 요새를 둘러싼 간단한 벽을 만들었는데, 다소 평범한 듯 합니다.
여기에 몇 가지 간단한 추가 요소들이 더해진다면 여러분의 성벽을 더욱 강력하게 만들어 줄 것입니다.
그리고 침략자들을 골치 아프게 할 해자와 도개교도 소개합니다.

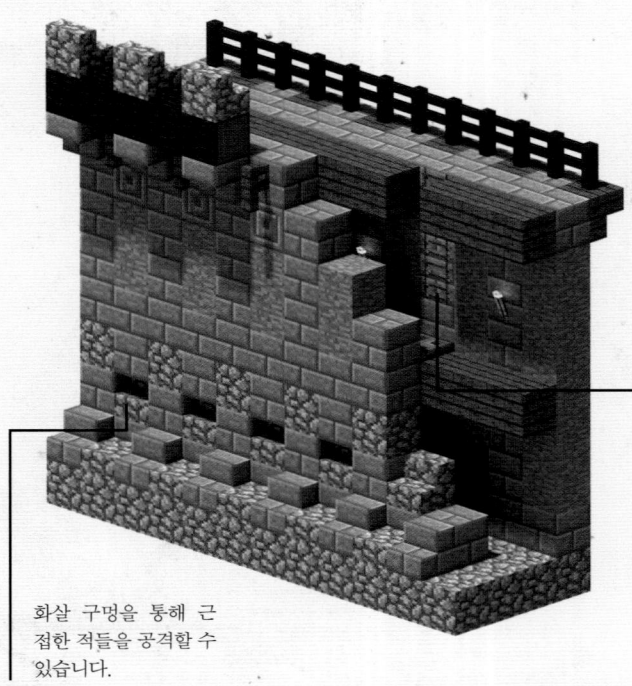

ⓘ 내벽

요새가 포위되었다면, 부대들이 성벽을 신속하게 이동할 수 있어야 합니다. 병사들이 화살이나 발사체와 같은 공성 무기들의 위협을 피하면서 각자 다른 방어 위치에 도달할 수 있도록 벽 내부에 길을 만들어야 합니다.

몇 개의 블록마다 사다리를 설치하여 쉽게 벽의 정상에 도착할 수 있어야 합니다.

화살 구멍을 통해 근접한 적들을 공격할 수 있습니다.

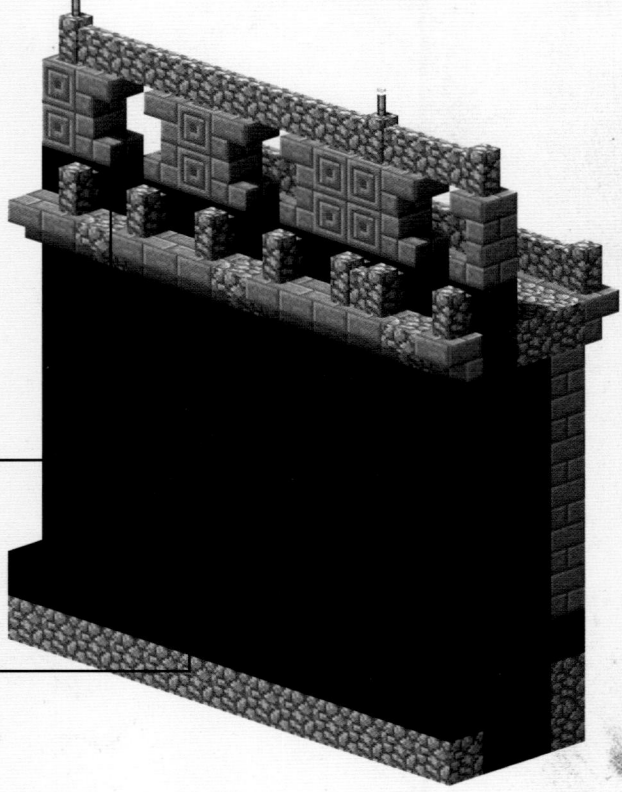

ⓘ 철옹성

흑요석과 물의 조합으로 완벽한 성벽을 만들 수 있습니다. 흑요석의 폭발 저항력은 적들의 TNT 공격을 무력화할 것이며, 물은 아래로 굴을 파서 뚫고 들어오는 침략자들을 막아줄 것입니다.

요새의 진실

중세 시대 성벽의
꼭대기에는 방어를 위해
병사들이 공격할 수 있도록
울퉁불퉁한 모양의 '총안',
틈 또는 '화살 구멍' 등이
있었습니다.

이와 같이 커다란 형태의 총안은 방어력을 증가시키지만, 감시 범위가 축소될 수 있습니다.

침략자들이 수영을 통해 벽을 넘지 못하도록, 물 블록은 흑요석으로 둘러싸야 합니다.

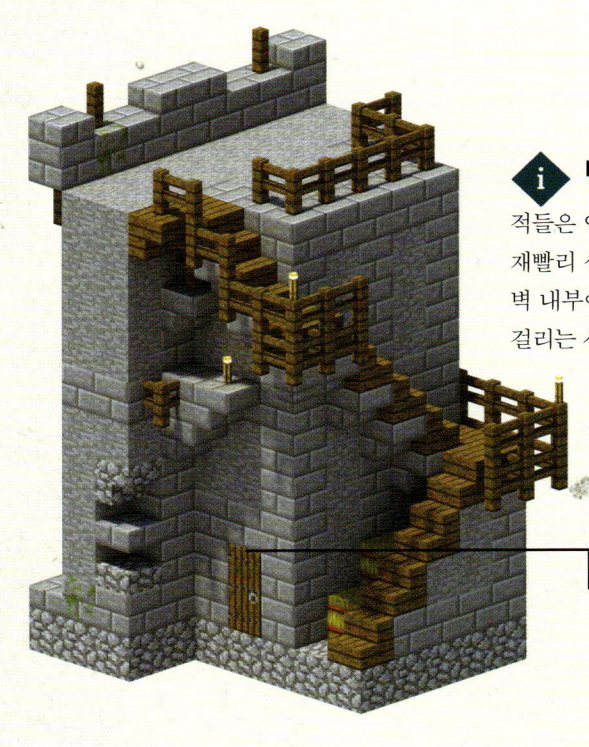

ⓘ 벽의 활용

적들은 언제든지 공격해 올 수 있습니다. 정찰대가 먼 거리에 있다면, 재빨리 성벽의 꼭대기로 이동할 수 있어야 합니다. 벽 둘레를 따라 성벽 내부에 간단한 계단을 설치하면 궁사들이 발사 장소에 도달하는데 걸리는 시간을 단축시킬 수 있습니다.

계단에 문을 달아 병사들이 벽의 내부로 들어가거나 정상으로 올라가도록 할 수 있습니다.

도개교는 석재 벽돌 블록으로 만들어져야 합니다. 나무 블록은 용암 또는 네더랙 해자로 인해 타버릴 수 있기 때문입니다.

ⓘ 죽음의 해자

물 해자는 직접적으로 방어를 한다기 보다는 침략하는 적들을 불편하게 만들기 위한 방식입니다. 그러나, 물을 용암이나 선인장, 네더랙으로 바꾼다면 침입자들이 성벽에 닿기 전에 큰 피해를 입게 될 것입니다.

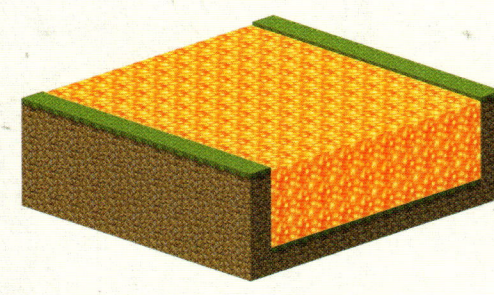
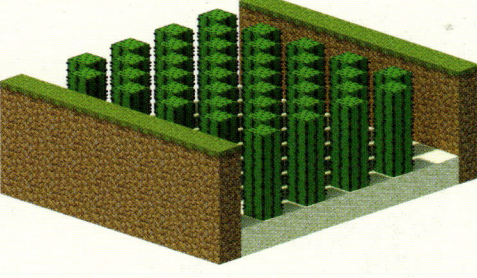
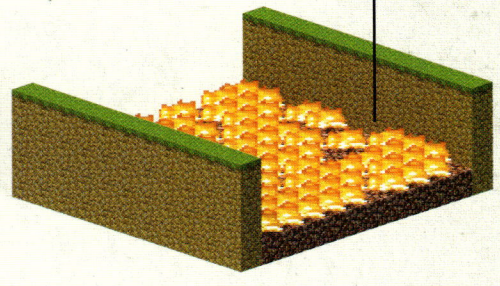

도개교는 18페이지의 내리닫이 쇠창살과 동일한 시스템을 사용해 만들 수 있습니다.

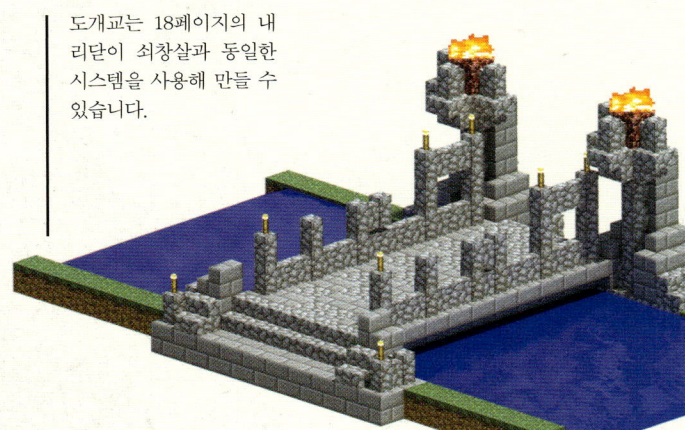

ⓘ 도개교

성을 방문하는 모든 사람이 성 안의 보물을 탐내는 것은 아닙니다. 따라서, 손님을 환영하는 장식 또한 중요합니다. 방문객이 성에서 처음 보게 되는 것이 도개교이므로, 가능한 화려하고 인상적으로 만듭니다.

내리닫이 쇠창살 문

⏱ 2시간 1 2 3 4 높은 난이도

도개교와 마찬가지로, 내리닫이 쇠창살 문은 중세 시대 성 밖의 적들을 막는 것이 주요 기능입니다.
무거운 성문은 도르래 시스템으로 제어되고, 방문객을 허락할지를 결정하는 정문 초소의 경비에 의해 작동됩니다.
이 구조물에서 여러분은 레드스톤, 피스톤 그리고 자갈로 도르래 시스템을 만들 수 있으며,
이를 통해 여러분이 요새의 출입을 제어할 수 있습니다.

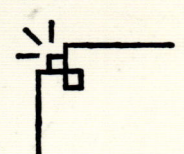

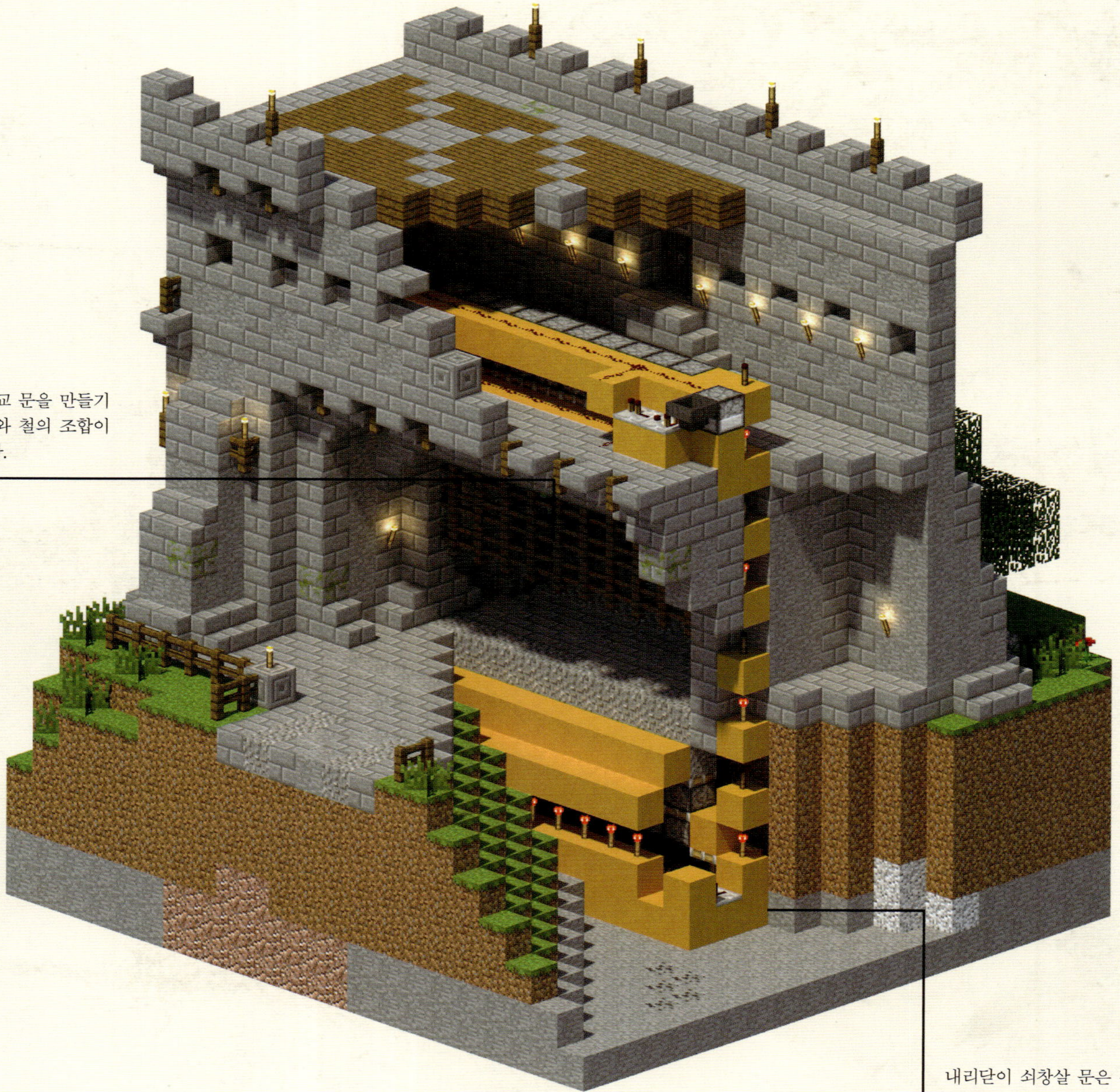

중세 도개교 문을 만들기
위해 나무와 철의 조합이
사용됩니다.

내리닫이 쇠창살 문은 성이 갑
자기 공격을 받게 될 때, 걸쇠를
빨리 제거하여 적들이 진입하기
전에 문을 내릴 수 있습니다.

건축 설계도

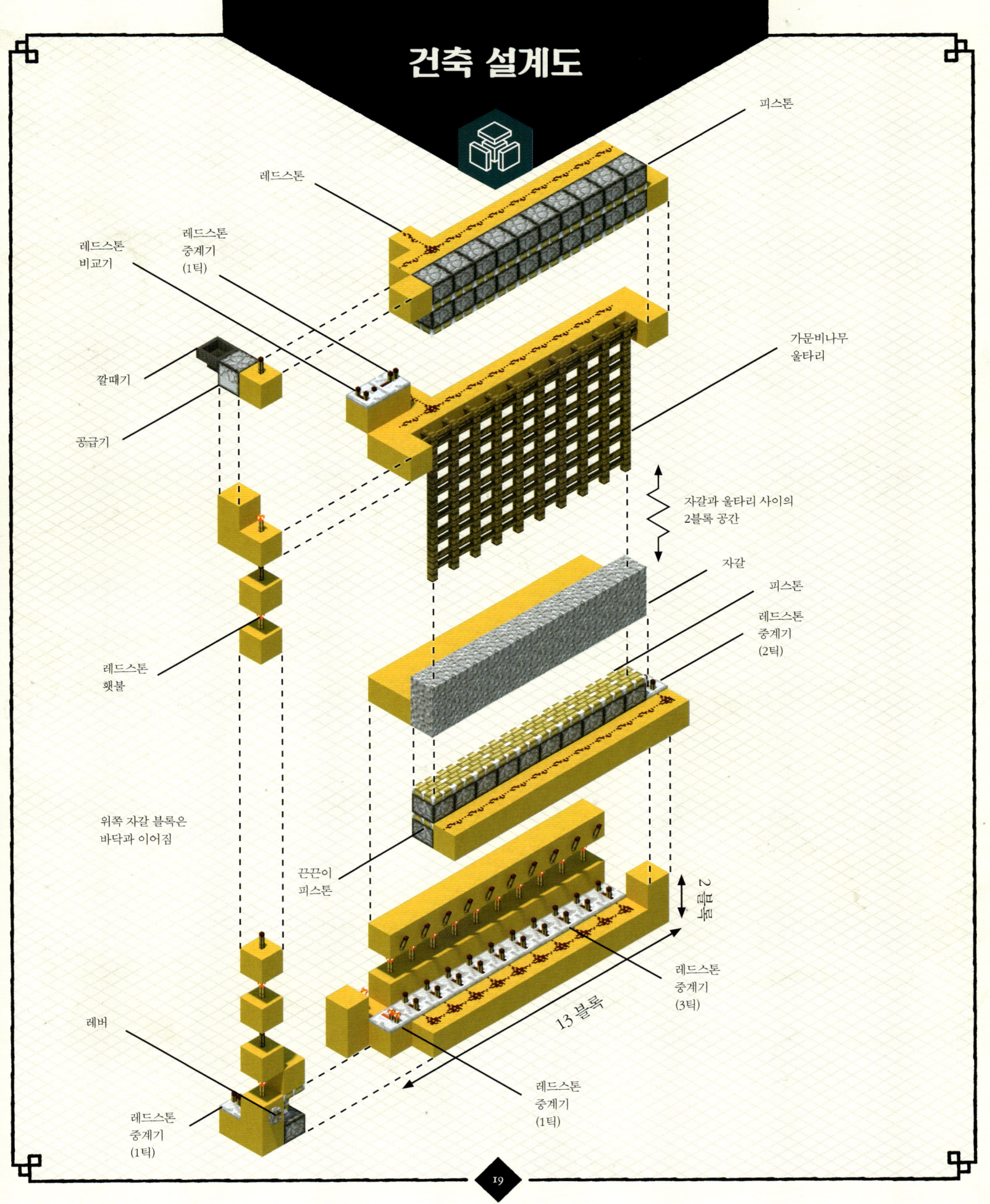

피스톤

레드스톤

레드스톤
비교기

레드스톤
중계기
(1틱)

깔때기

공급기

가문비나무
울타리

자갈과 울타리 사이의
2블록 공간

자갈

피스톤

레드스톤
중계기
(2틱)

레드스톤
횃불

위쪽 자갈 블록은
바닥과 이어짐

끈끈이
피스톤

2블록

레버

레드스톤
중계기
(3틱)

13 블록

레드스톤
중계기
(1틱)

레드스톤
중계기
(1틱)

제대로 이해하기

내리닫이 쇠창살 문은 두 가지 반대되는 동작이 필요합니다. 한가지는 문을 밀어 올리는 것이고 또 한가지는 아래로 내리는 것입니다. 이 두 가지 동작을 위해서는, 아래에 아무것도 존재하지 않으면 밑으로 떨어지는 자갈 블록과 일련의 레드스톤 햇불들이 필요합니다.

1 이중 절차

아래쪽 내리닫이 쇠창살 문의 메커니즘은 레버를 당겨 조종되는 레드스톤의 두 가지 원리로 움직입니다. 한가지 원리는 한 줄로 늘어선 끈끈이 피스톤에 전력을 공급하는 레드스톤과 레드스톤 중계기로 구성됩니다. 또 한가지 원리는 레드스톤 햇불의 교차 패턴을 사용하여 위쪽 끈 끈이 레드스톤에 전력을 공급합니다. 이런 원리로 자갈 블록들을 두 블록 공간 위로 밀어 올립니다.

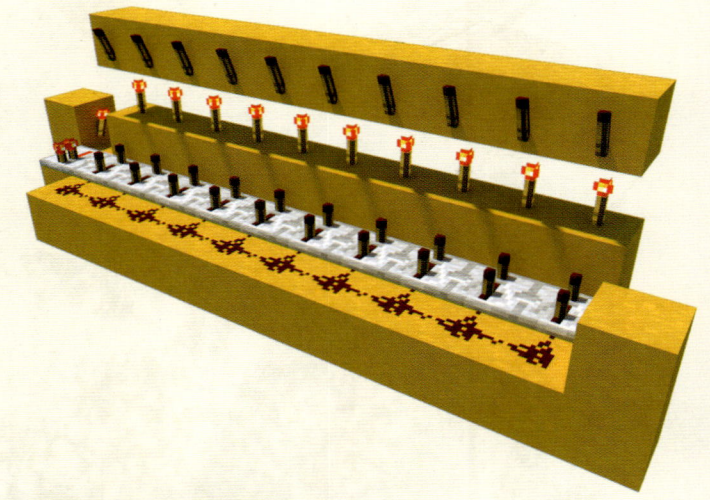

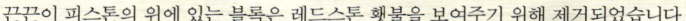
끈끈이 피스톤의 위에 있는 블록은 레드스톤 햇불을 보여주기 위해 제거되었습니다.

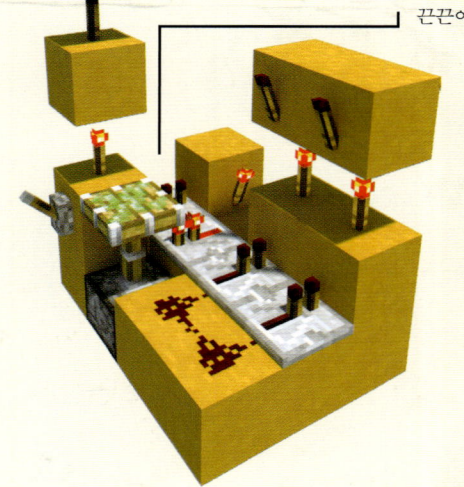

2 전원 켜기

레버가 다시 당겨지면, 꼭대기에 일렬로 늘어선 피스톤을 제어하는 메커니즘을 동작시키기 위해 레드스톤 햇불에 전원이 공급됩니다. 두 번째로 레버를 당긴다는 것은 바닥의 레드스톤 햇불이 꺼지고 꼭대기의 레드스톤 햇불이 켜져 내리닫이 쇠창살 문의 엔진에 전원을 공급하게 됨을 의미합니다.

흙 블록의 스택은 깔때기와 레드스톤 스택에 전원을 공급합니다. 깔때기는 공급기의 바로 앞에 직접 설치해야 합니다.

3 기계에 전원 공급

레드스톤 전류는 마침내 꼭대기에 도착하고, 깔때기로 아이템을 내뱉는 공급기에 전원을 공급합니다. 공급기는 차례로 레드스톤 비교기를 작동시킵니다. 이 레드스톤 비교기는 레드스톤 중계기와 다른 이중 레드스톤 회로들에(이 중 하나는 아래쪽을 향하고 있는 꼭대기 두 줄의 피스톤에 전력을 공급하는) 전원을 공급합니다.

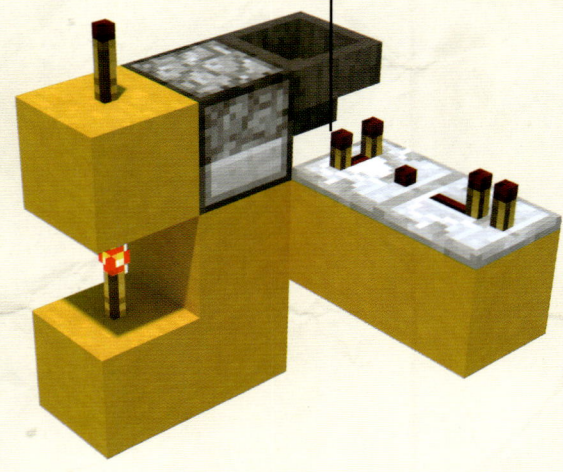

열기와 닫기

이제 핵심적인 메커니즘이 준비되었습니다. 레버를 처음 당기면, 바닥의 피스톤들이 위로 밀어 올립니다. 자갈과 울타리 블록들이 올라가면서 플레이어들의 키에 꼭 맞도록 두 블록의 공간이 생깁니다. 레버를 다시 당기면, 꼭대기 피스톤들이 같은 블록들을 아래로 밀어내려 문을 닫습니다.

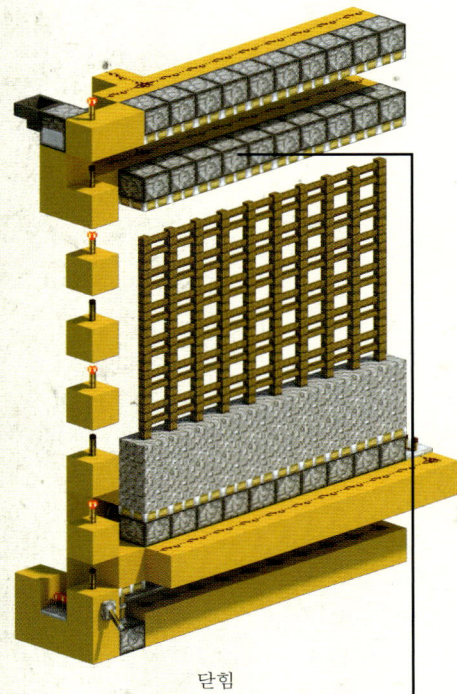

닫힘

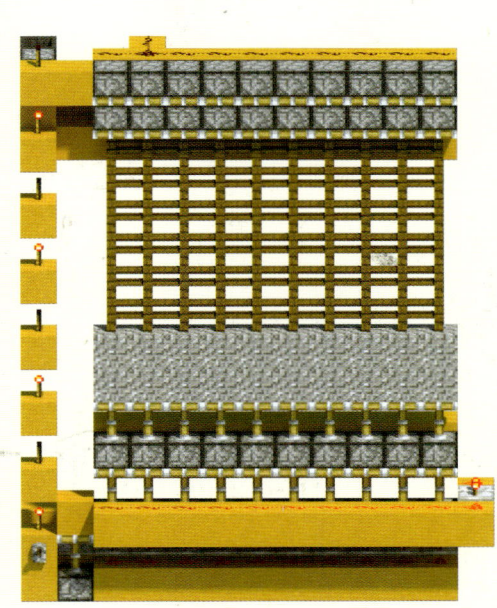

열리는 중

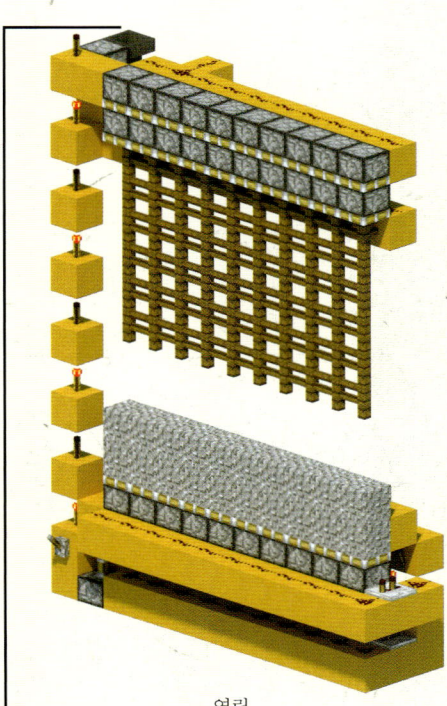

열림

내리닫이 쇠창살 문이 닫히면, 꼭대기 두 줄의 피스톤 사이에 한 블록 높이의 공간이 생기게 됩니다.

연료가 바닥에 떨어지지 않도록 깔때기는 공급기에 바로 붙여서 배치해야 합니다.

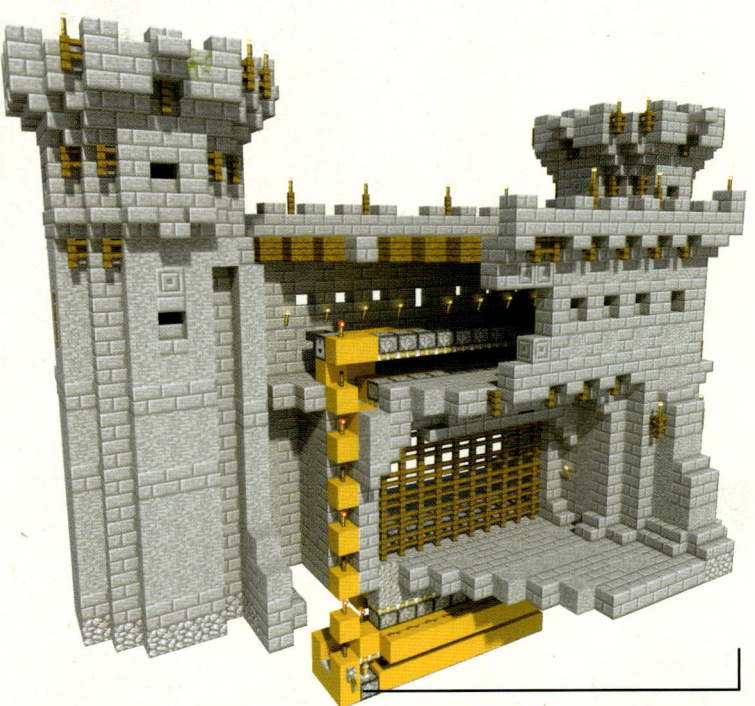

5 함께 배치하기

내리닫이 쇠창살 문이 잘 작동한다면 이제 이것을 숨길 차례입니다. 14 블록 넓이의 벽면 크기에 맞도록 14×3 블록 깊이의 구멍을 만들어야 합니다. 자갈 블록들은 바닥에 가로로 배치해야 하고, 벽의 안쪽에 가까워야 합니다. 이 문의 메커니즘은 벽과 포탑으로 위장합니다.

비밀 지하 방을 사용하여 내리닫이 쇠창살 문을 제어하는 부분을 숨길 수 있습니다.

성채

🕐 4시간 ① ② ③ ④ 중간 난이도

이제 요새의 중심부를 지을 시간입니다. 이곳은 요새와 그 안의 성채를 통치할 여러분의 집이 될 것입니다.
이 성은 다음 섹션에서 만들어 볼 방을 갖추고 있으며, 당신의 중세 클랜이 거주하는 집으로 사용될 수 있습니다.

흉벽은 성의 꼭대기에서 걸어서 이동할 수 있는 영역입니다. 여기서 왕국의 전체 혹은 주변 영역을 관찰할 수 있습니다.

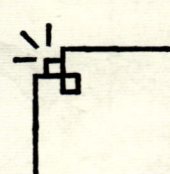

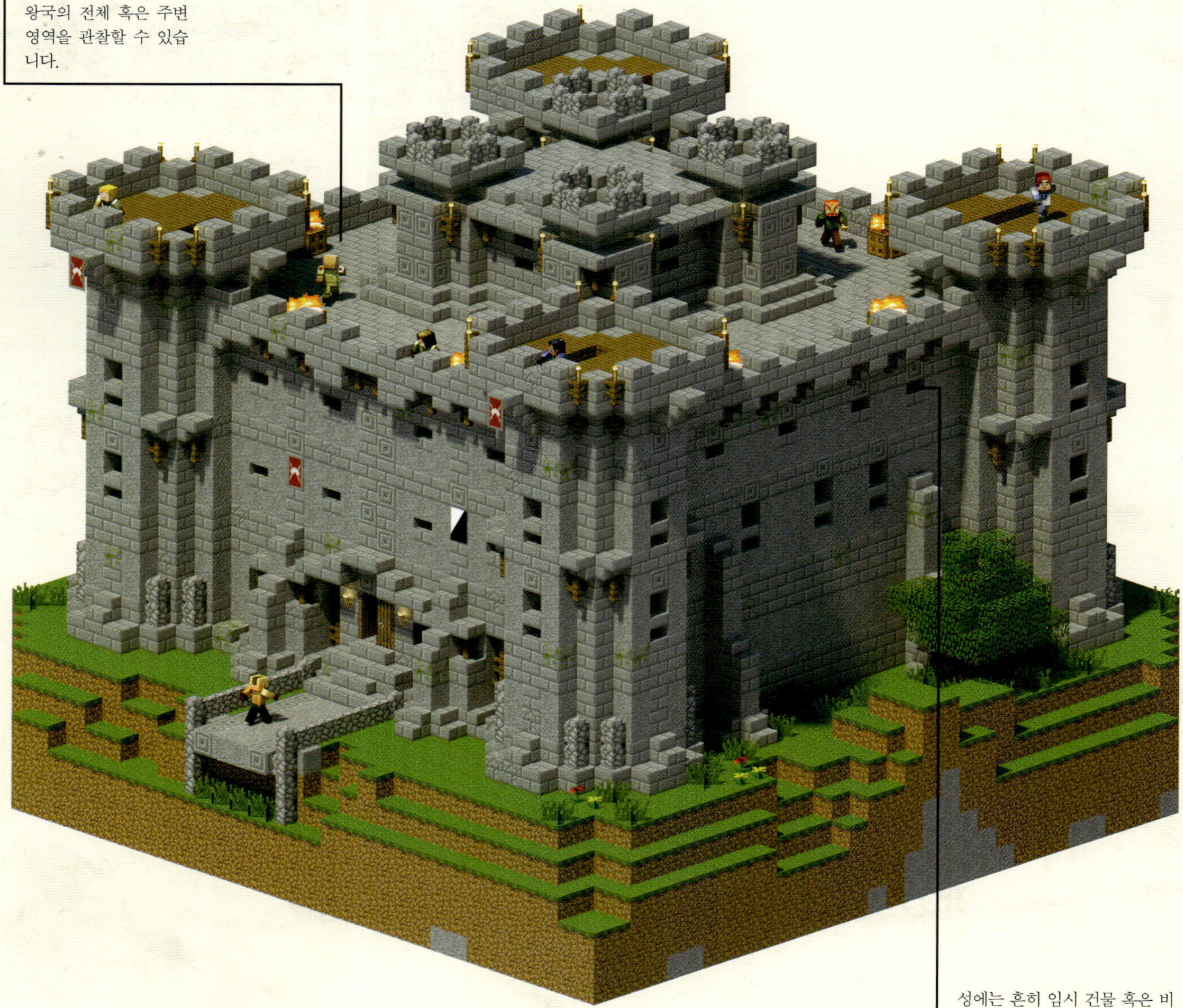

성에는 흔히 임시 건물 혹은 비계를 세울 수 있도록 하기 위한 가로대나 가로장 구멍을 가지고 있습니다.

건축 설계도

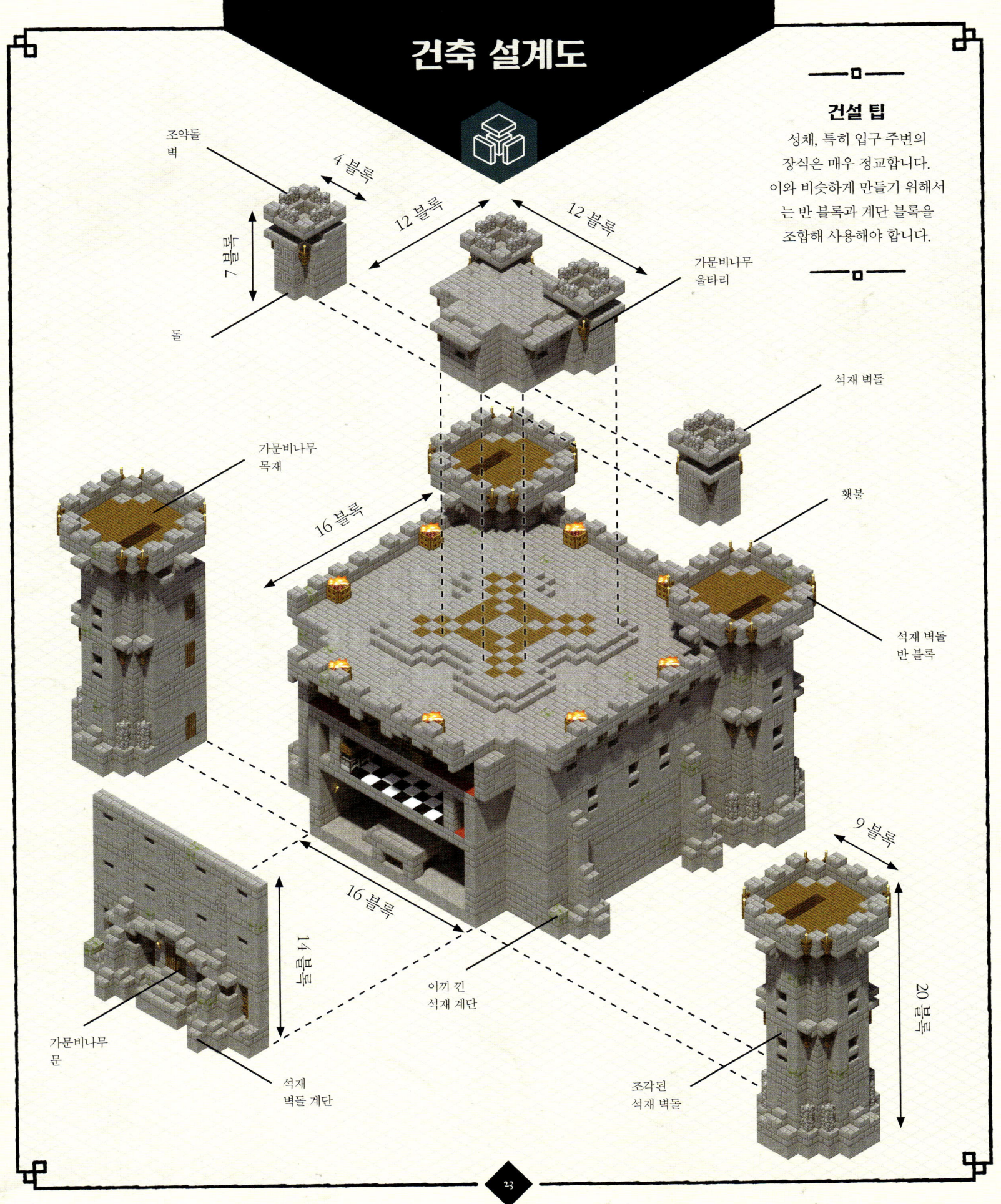

조약돌
벽

4 블록

12 블록

12 블록

7 블록

돌

가문비나무
울타리

건설 팁

성채, 특히 입구 주변의
장식은 매우 정교합니다.
이와 비슷하게 만들기 위해서
는 반 블록과 계단 블록을
조합해 사용해야 합니다.

석재 벽돌

햇불

가문비나무
목재

16 블록

석재 벽돌
반 블록

16 블록

14 블록

이끼 낀
석재 계단

9 블록

20 블록

가문비나무
문

석재
벽돌 계단

조각된
석재 벽돌

23

응용해 봅시다

성채는 여러분이 만든 왕국의 중심이 되는 건물입니다. 중세의 왕과 여왕을 상상하며
주위의 시선을 집중시키고, 방문객에게 깊은 인상을 남길 수 있는 멋진 성을 만들어 봅시다.
여러분만의 고유한 성채를 만들기 위해 다음의 팁들을 사용해 봅시다.

ⓘ 게르만 스타일

동화에 나오는 성의 모습을 만들기 위해 오밀조밀한 숲 또는
거대한 산의 꼭대기와 같이, 극적인 풍경에 성채를 지으세요.
높은 첨탑을 사용하고, 탑의 효과를 완성하기 위해 나무 계
단 및 기타 유사한 기능으로 장식했습니다.

서로 높이가 다르고 형태와 크기가 다양한
많은 탑들이 배치되어 있습니다.

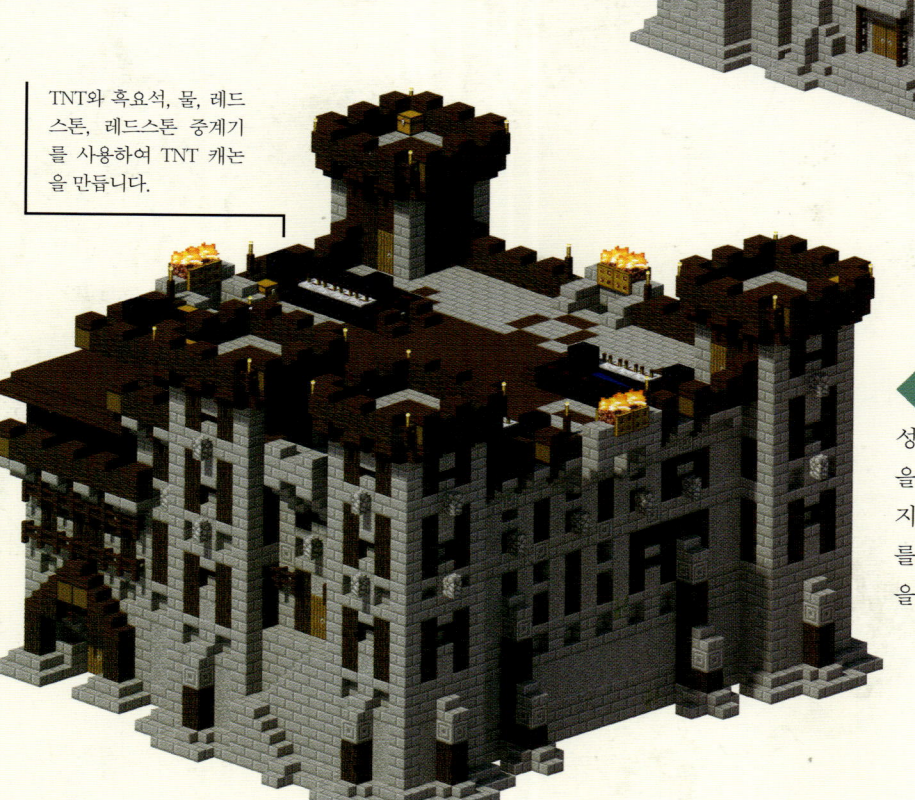

TNT와 흑요석, 물, 레드
스톤, 레드스톤 중계기
를 사용하여 TNT 캐논
을 만듭니다.

ⓘ 방어 시설

성채는 왕국 방어의 마지노선으로, 외벽을 넘은 모든 적들
을 상대하기 위한 설비가 필요합니다. 포탑과 초소는 인접
지역의 감시가 가능하고, 신호기는 멀리 전초기지까지 신호
를 보낼 수 있으며, TNT 캐논은 성채에 침입하려는 무리들
을 한방에 날려 보낼 수 있습니다.

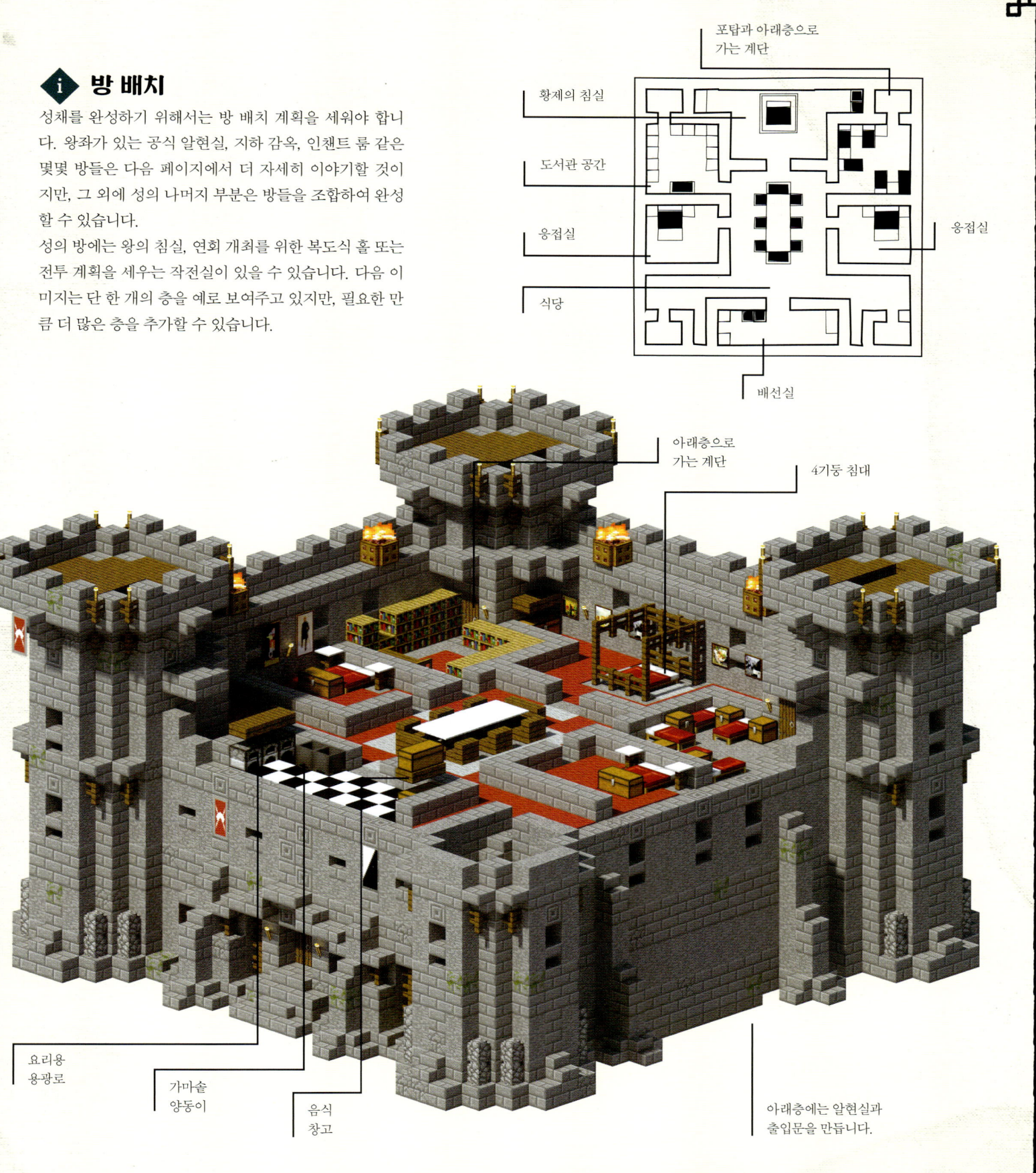

ℹ️ 방 배치

성채를 완성하기 위해서는 방 배치 계획을 세워야 합니다. 왕좌가 있는 공식 알현실, 지하 감옥, 인챈트 룸 같은 몇몇 방들은 다음 페이지에서 더 자세히 이야기할 것이지만, 그 외에 성의 나머지 부분은 방들을 조합하여 완성할 수 있습니다.

성의 방에는 왕의 침실, 연회 개최를 위한 복도식 홀 또는 전투 계획을 세우는 작전실이 있을 수 있습니다. 다음 이미지는 단 한 개의 층을 예로 보여주고 있지만, 필요한 만큼 더 많은 층을 추가할 수 있습니다.

포탑과 아래층으로 가는 계단

황제의 침실

도서관 공간

응접실

응접실

식당

배선실

아래층으로 가는 계단

4기둥 침대

요리용 용광로

가마솥 양동이

음식 창고

아래층에는 알현실과 출입문을 만듭니다.

공식 알현실

🕐 30분 ❶ ❷❸❹ 완전 초보

모든 훌륭한 왕과 왕비에게는 성을 통치할 왕좌가 있는 방이 필요합니다.
광물 자원이 풍부한 지역을 정복하거나, 침략자들을 물리치기 위한 계획을 짜는 등
알현실은 왕의 공식 업무를 수행할 수 있는 완벽한 장소입니다.

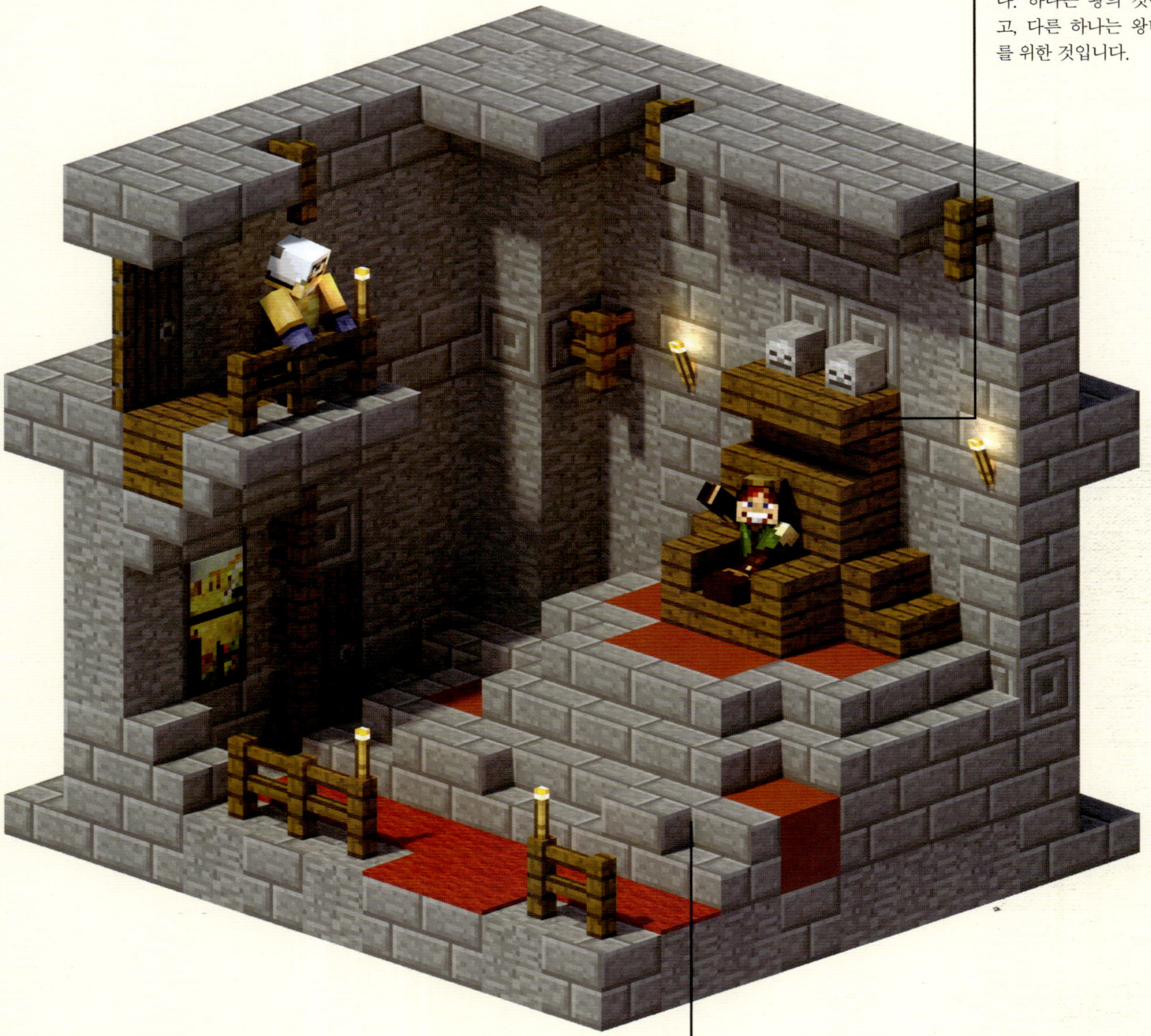

보통 중세의 군주들은 두 개의 왕좌를 가집니다. 하나는 왕의 것이고, 다른 하나는 왕비를 위한 것입니다.

알현실에서는 다른 이들이 왕을 우러러 볼 수 있도록 대좌 위에 왕좌가 높이 자리잡고 있습니다.

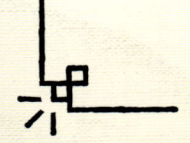
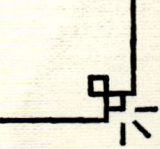

건축 설계도

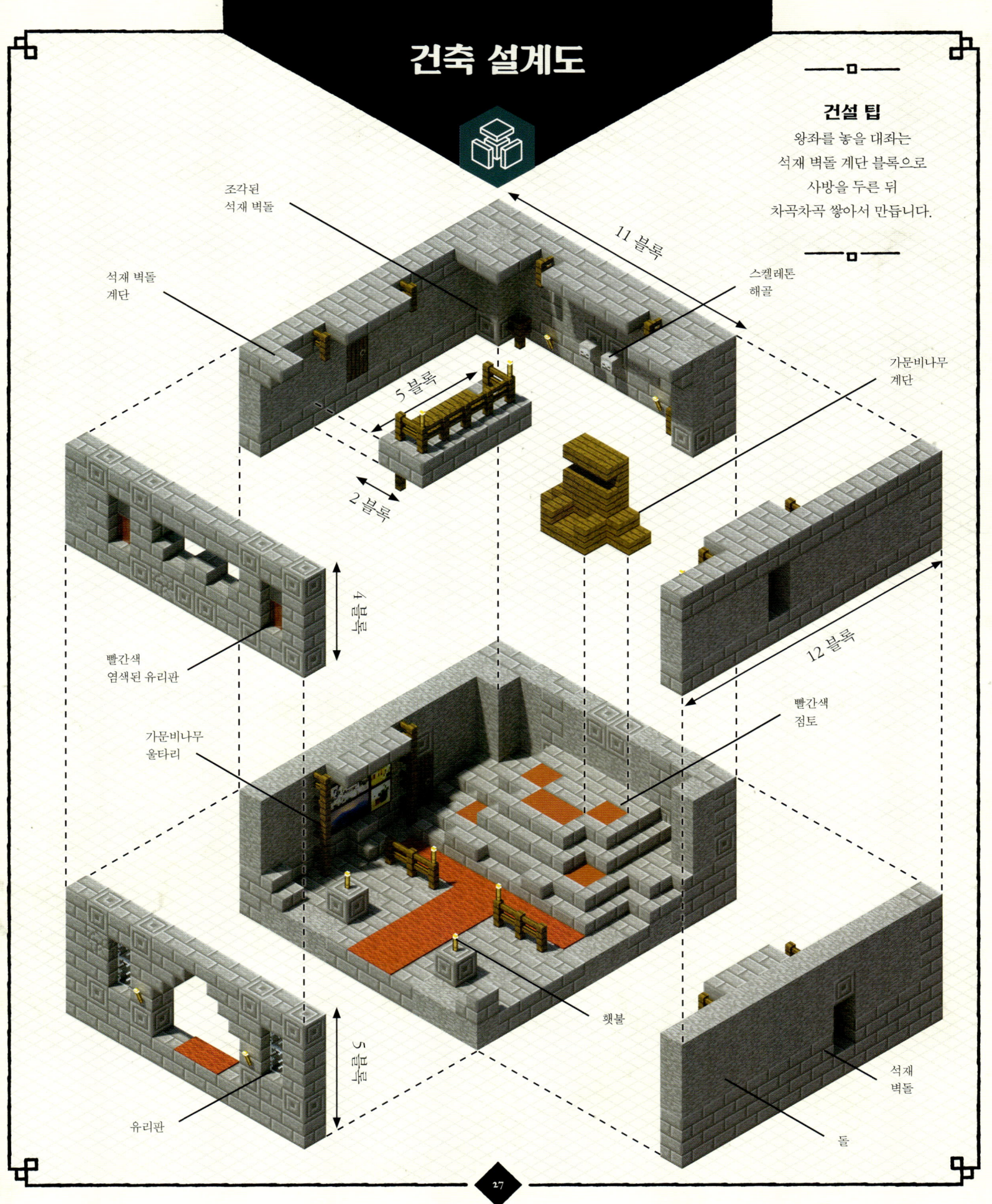

왕좌를 놓을 대좌는
석재 벽돌 계단 블록으로
사방을 두른 뒤
차곡차곡 쌓아서 만듭니다.

조각된
석재 벽돌

석재 벽돌
계단

11 블록

스켈레톤
해골

5 블록

가문비나무
계단

2 블록

빨간색
염색된 유리판

4 블록

가문비나무
울타리

12 블록

빨간색
점토

햇불

유리판

5 블록

석재
벽돌

돌

응용해 봅시다

이 방은 성에서 가장 상징적인 장소이므로 매우 중요합니다. 따라서 여러분의 통치 스타일을 잘 나타내도록 만들어야 합니다. 이 곳은 화려한 장식, 전술을 논하는 기지, 혹은 여러분의 충성스러운 부하들을 만날 수 있는 공간을 포함해야 합니다. 다양한 아이디어들을 살펴보고, 이를 통해 여러분만의 개성있는 알현실을 만들어 보세요.

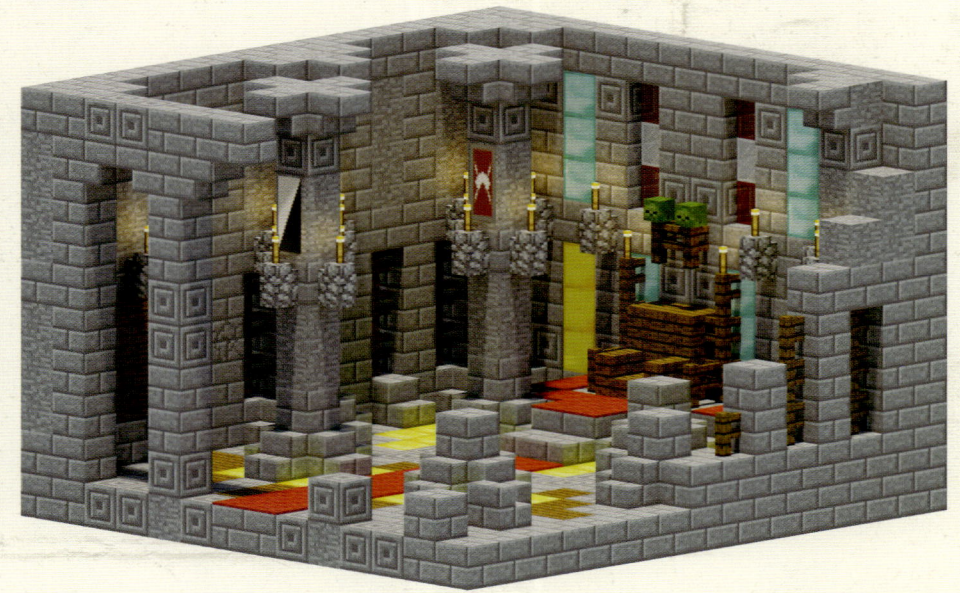

◆ 장식

이 방은 나라의 부를 과시하기 위해, 성에서 가장 사치스럽게 지어야 하는 곳 중 하나입니다. 현수막과 석상, 스테인드 글라스 창문으로 장식해서 왕권에 걸맞는 화려한 방을 만들 수 있습니다.

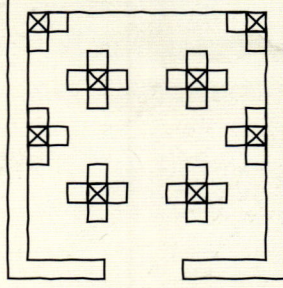

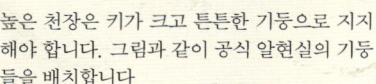 높은 천장은 키가 크고 튼튼한 기둥으로 지지해야 합니다. 그림과 같이 공식 알현실의 기둥들을 배치합니다

작전실

공식 알현실에 권좌와 더불어, 장군들의 전략회의를 위한 테이블을 추가합니다. 여기서 기습 공격이나 공성전을 계획하고, 승리를 축하합니다. 왕족들을 위한 파티나 국빈을 위한 공식적인 만찬 장소로도 사용할 수 있습니다.

전략회의를 위한 테이블은 피스톤을 활용하여 만들 수도 있습니다. 테이블은 바닥에 파묻은 레드스톤 햇불 위에 배치해야 합니다.

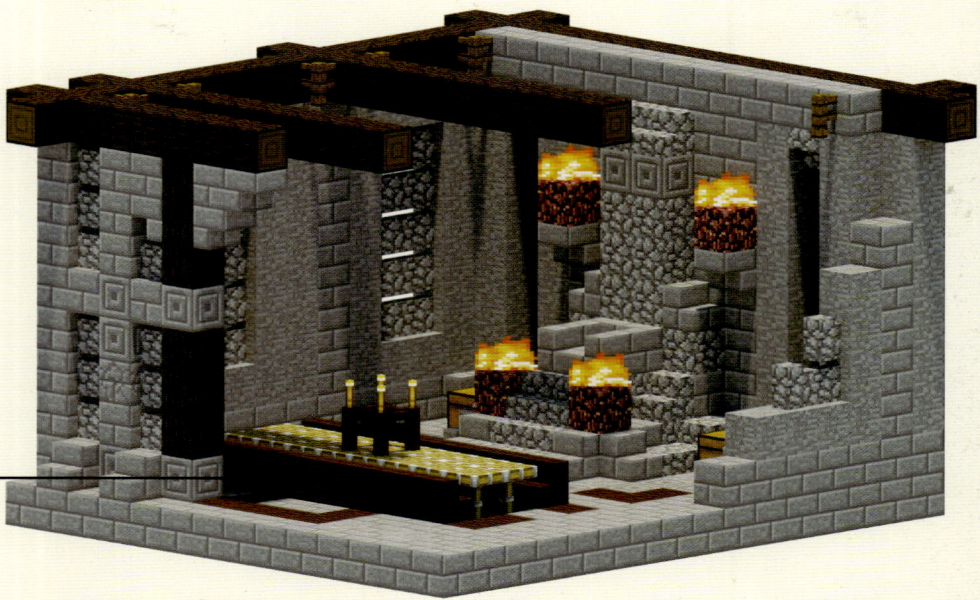

왕실 재판장

군주제의 힘은 왕실 재판장에서 발휘됩니다. 이곳에서 법과 세금제도를 통과시키고 분쟁을 해결합니다. 왕은 발코니에서 내려다 보면서, 주변의 수행원들에게 명령을 지시하고 반역자들에 대한 판결을 내립니다.

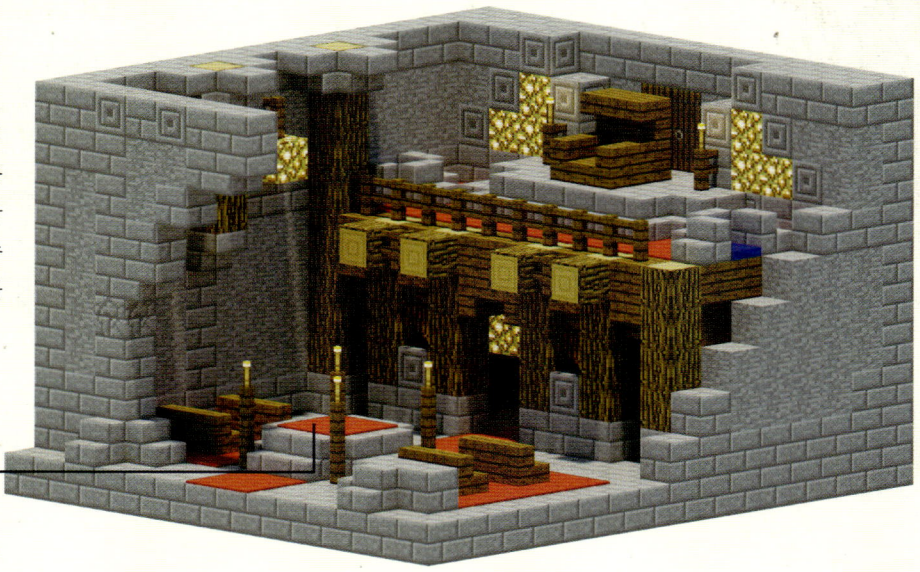

탄원대는 백성들이 통치자에게 민원을 제기하는 곳입니다.

왕좌

왕좌는 방에서 가장 중요한 부분이며, 왕 또는 여왕이 하루의 대부분을 보내는 곳입니다. 금 블록은 왕좌를 더욱 두드러지게 하고, 개인용 해자와 같은 상징적인 기능들은 왕의 위엄을 강조합니다.

어두운 레드스톤 햇불과 용암은 왕좌의 방을 위협적인 분위기로 만듭니다.

 ## 지옥의 왕좌

모든 군주가 친절하고 자비로운 것은 아닙니다. 왕국을 철권 통치로 다스릴 경우, 그림과 같이 무시무시한 왕좌의 존재는 불행히도 왕 앞에 불려온 누군가를 두려움에 떨게 하기에 충분할 것입니다.

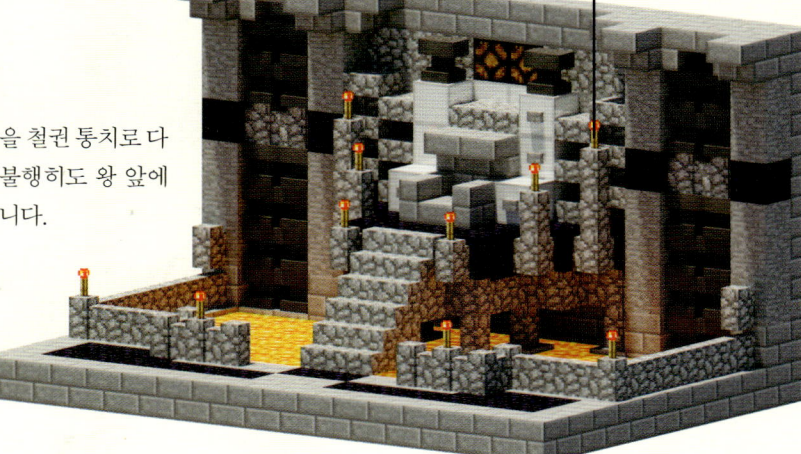

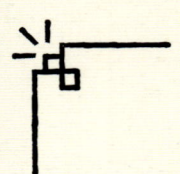

병영

🕐 1시간 ①②③④ 쉬운 난이도

여러분은 여러분을 따르는 수많은 클랜들이 요새의 바깥 세계에서 잘 살 수 있도록 돌봐야 합니다.
병영은 군대를 훈련하고 갑옷과 무기를 저장하기 좋은 장소로 거미, 좀비, 적들의 침략을 쉽게 방어할 수 있습니다.

각각의 병영은 성벽 안쪽과 '안뜰(bailey)' 혹은 '구(Ward)'라 불리는 성채 바깥쪽 사이에 지어집니다.

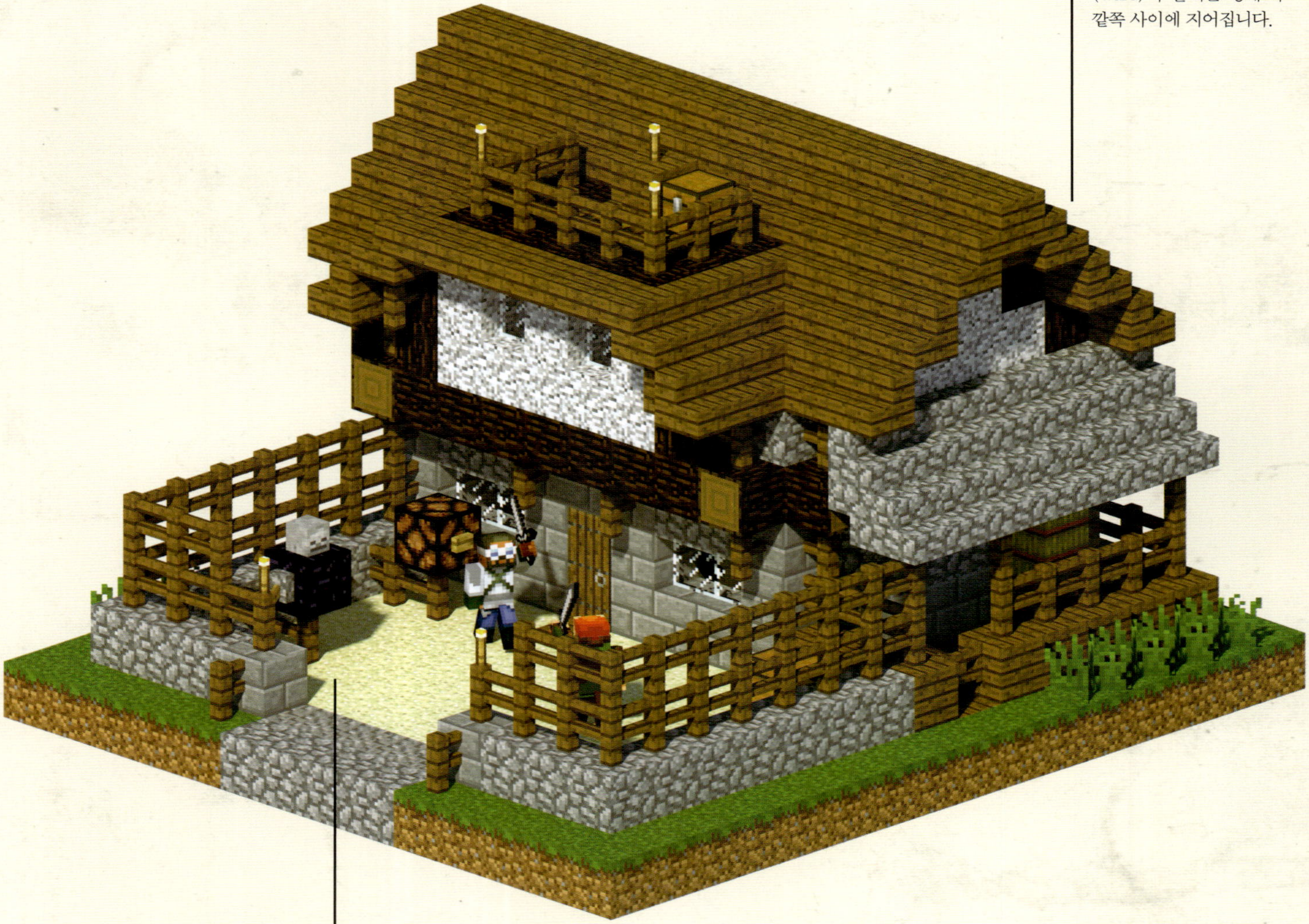

병영은 보통 내부의 생활 공간과 바깥의 훈련 공간을 조합해 만듭니다.

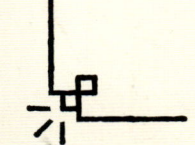
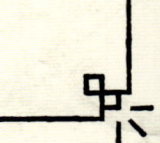

건축 설계도

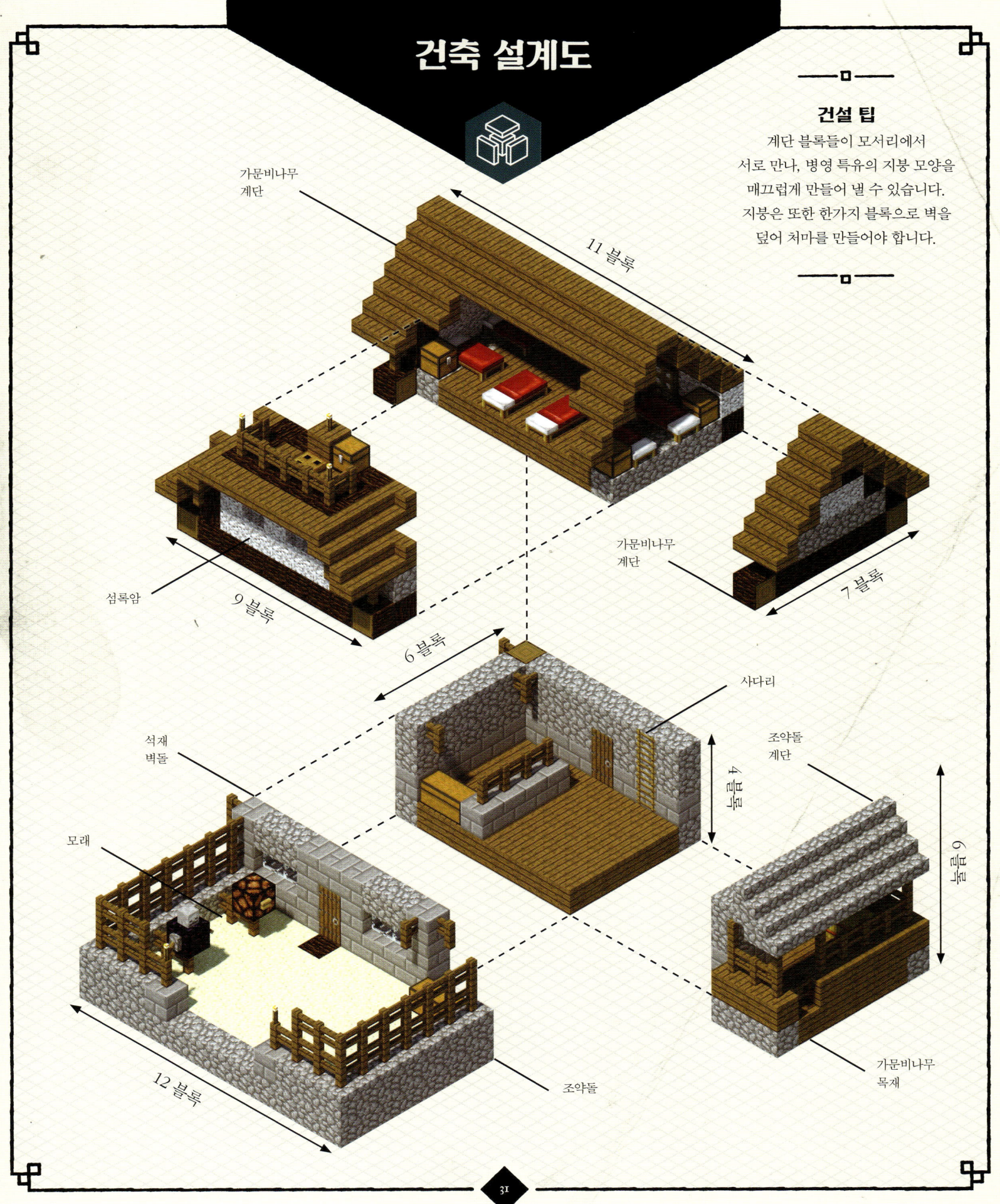

건설 팁

계단 블록들이 모서리에서
서로 만나, 병영 특유의 지붕 모양을
매끄럽게 만들어 낼 수 있습니다.
지붕은 또한 한가지 블록으로 벽을
덮어 처마를 만들어야 합니다.

가문비나무
계단

11 블록

섬록암

9 블록

가문비나무
계단

7 블록

6 블록

사다리

조약돌
계단

석재
벽돌

4 블록

9 블록

모래

가문비나무
목재

12 블록

조약돌

응용해 봅시다

이제 여러분의 클랜이 전투에 임하기 전에 훈련할 곳이 생겼습니다.
병영은 무기를 만들고, 전투 훈련을 하는 외에도 훨씬 더 다양한 기능을 수행할 수 있습니다.
여러분 군대의 전투 능력을 향상시키고 전쟁에 대비할 수 있는 추가적인 시설들을 고려해 봅시다.

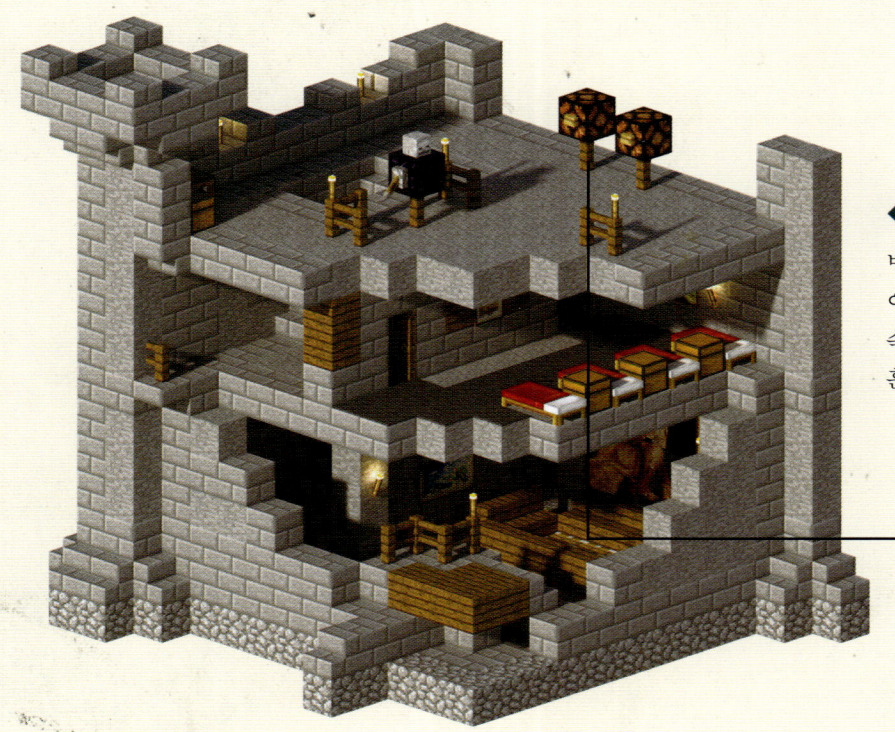

성에 추가하기

병영을 성에서 따로 분리하지 않고, 성의 측면에 추가하여 구축할 수 있습니다. 조직이 급속히 성장할 경우, 부속 건물을 여러 층으로 만들면 모든 군대와 전략회의실, 훈련소, 저장고를 수용할 수 있습니다.

레드스톤 램프 버튼을 사용하여 반응이 있는 과녁을 만듭니다. 화살로 이 버튼이 눌려지면 빛이 점등됩니다.

병사들이 전장으로 질주할 때를 대비하여 근처에 상자를 두고 말의 갑옷을 저장합니다.

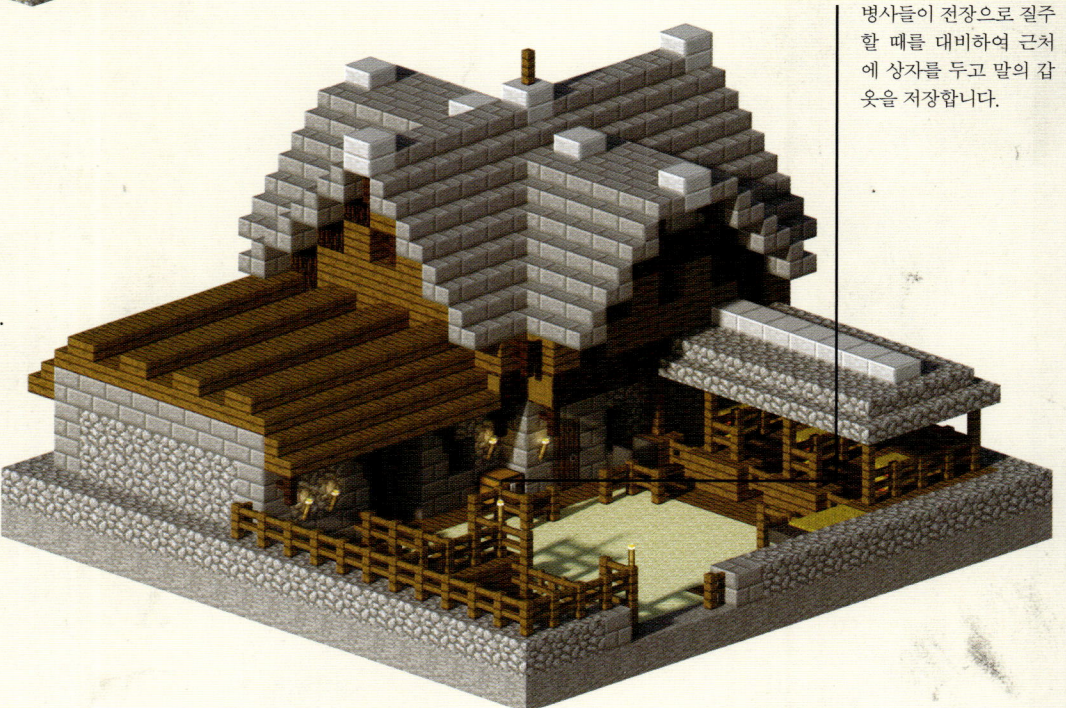

동물 헛간

병사들만 홀로 전투에 나설 필요가 없습니다. 충성스런 개들이 나서서 발톱을 세우고 적들을 공격하는 동안, 기병들은 말에 올라타 적들을 향해 돌격합니다. 이 안락한 건물에서 빠른 말들과 무서운 늑대들을 기를 수 있습니다.

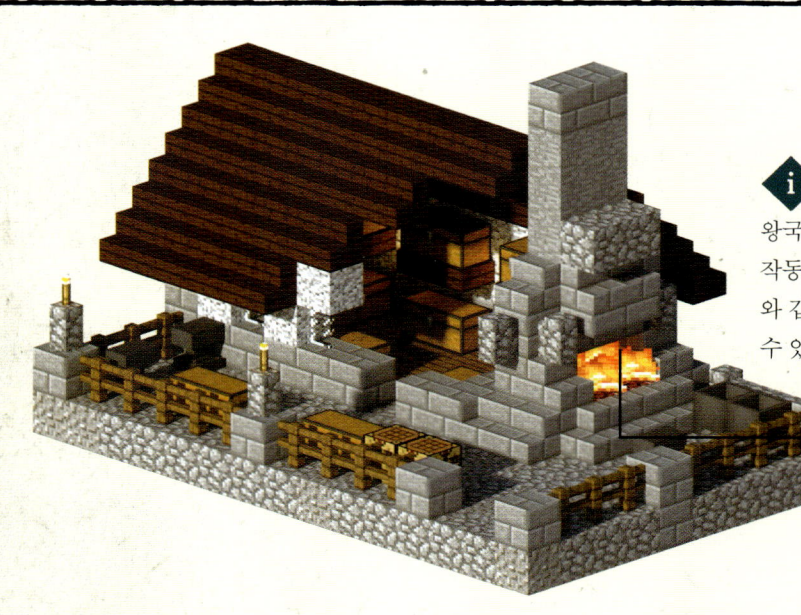

ⓘ 대장간

왕국의 군대에는 최고의 무기가 필요하며, 이 무기들은 잘 작동해야 합니다. 병영 내에 대장간이 있으면 최고의 무기와 갑옷을 만들 수 있고, 부러진 장비들을 모루 위에서 고칠 수 있습니다.

커다란 굴뚝 안에 활활 타는 네더랙을 배치해서 대장장이의 대장간을 만듭니다.

ⓘ 훈련장

아무리 많은 병사들이 있다 하더라도, 훈련되지 않는 병사는 전투에서 아무런 쓸모가 없습니다. 훈련장에서 병사들은 다른 병사들과 함께 자신의 기술을 테스트하고, 다른 공격 전술을 연마할 수 있습니다.

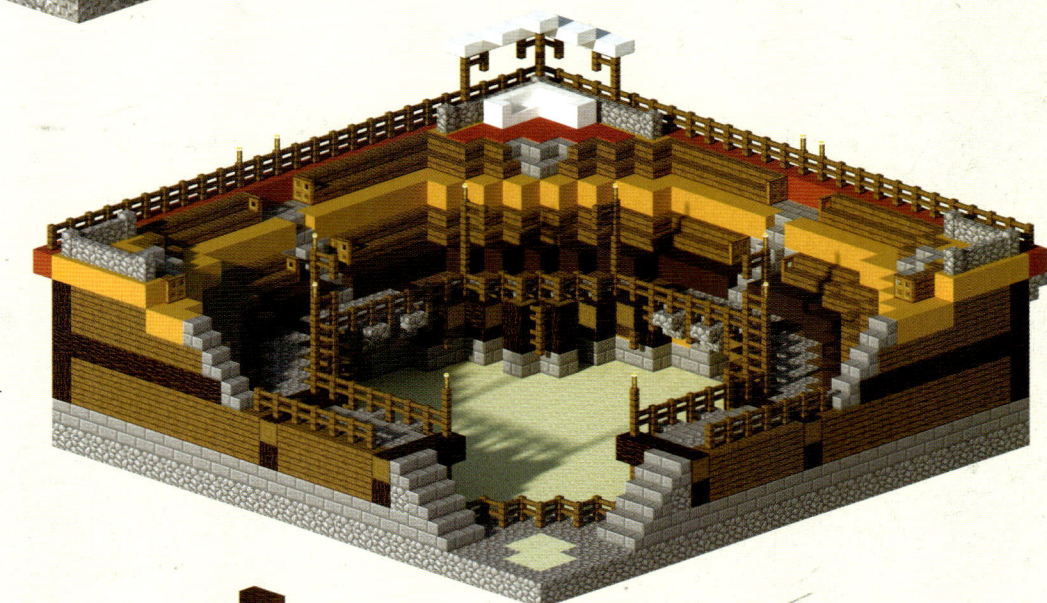

공간을 절약하면서 침상을 만들기 위해, 벽에 반 블록을 추가하고 그 위에 침대를 놓습니다.

ⓘ 숙소

왕국이 성장함에 따라 군대와 군대가 머무를 곳이 필요합니다. 숙소는 용맹한 전사들이 편히 쉴 수 있도록 병영 안에 많은 침대를 배치해야 합니다. 더 많은 수의 병사들이 모일수록 더 강력한 군대가 될 것입니다.

인챈트 룸

🕐 1시간 ❶ ❷ ③ ④ 쉬운 난이도

적의 공격에 곤란한 상황이 발생하기 시작하고 견고한 방어가 깨지기 직전의 상황에 처한 경우,
하나의 작은 마법이 전세를 크게 바꿀 수 있습니다. 인챈트 룸에 마법사들을 보내서 여러분의 클랜을 강화시키거나
적들을 약하게 만들 물약을 만들고, 여러분이 전투에서 우세한 상황에 설 수 있도록 특별한 화살을 만들 수 있습니다.

중세 시대에는 많은 사람들이 주술
사들의 마법을 통해 죽은 사람들을
되살려 낼 수 있다고 믿었습니다.
이 때문에 좀비와 부활 이야기들이
신화에 자주 등장합니다.

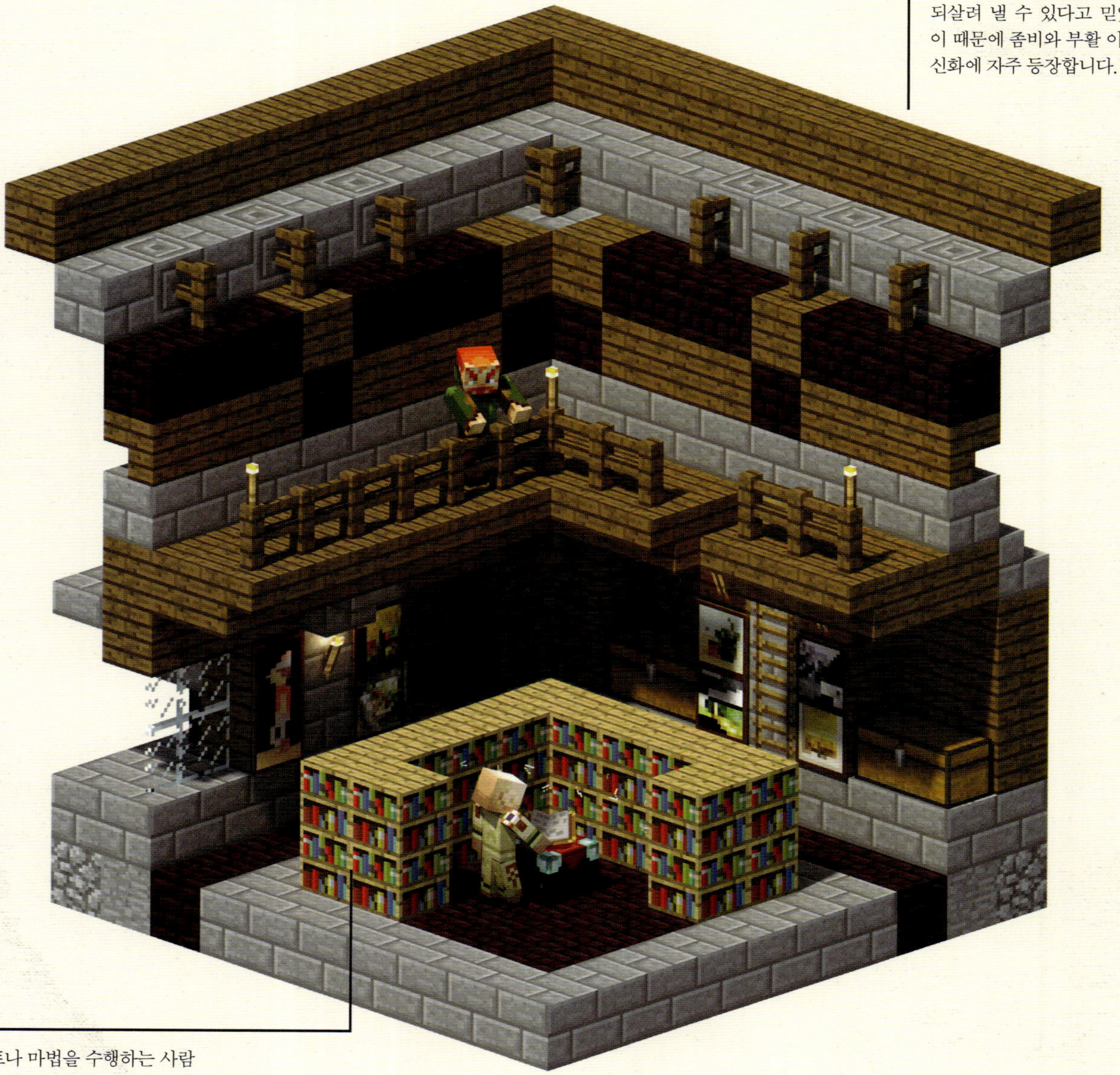

인챈트나 마법을 수행하는 사람
들은 주술을 써 놓거나 마법 아
이템들을 만드는 방법이 쓰여진
마법서를 사용합니다.

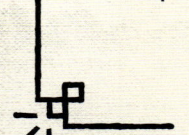

건축 설계도

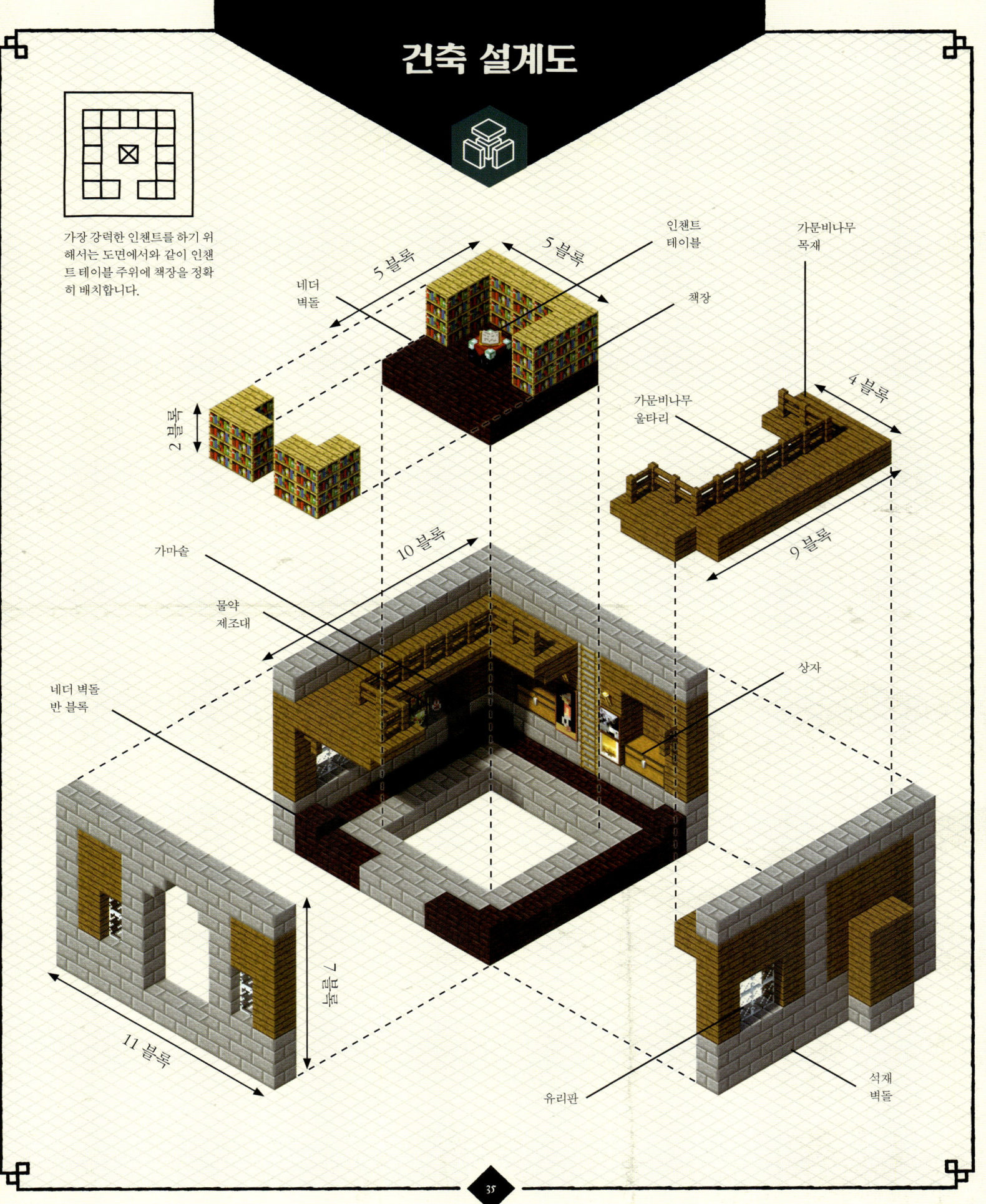

가장 강력한 인챈트를 하기 위해서는 도면에서와 같이 인챈트 테이블 주위에 책장을 정확히 배치합니다.

5 블록

5 블록

인챈트 테이블

가문비나무 목재

네더 벽돌

책장

2 블록

가문비나무 울타리

4 블록

가마솥

9 블록

물약 제조대

10 블록

상자

네더 벽돌 반 블록

7 블록

11 블록

유리판

석재 벽돌

응용해 봅시다

인챈트 룸과 같은 마법의 장소에는 몇 가지 신비로운 장치를 추가하여 큰 효과를 볼 수 있습니다.
이계의 차원으로 가는 통로, 잘 정리된 저장 장치 등 여러분이 최고의 마법사가 되기 위해
필요한 모든 추가적인 기능들을 갖춥니다.

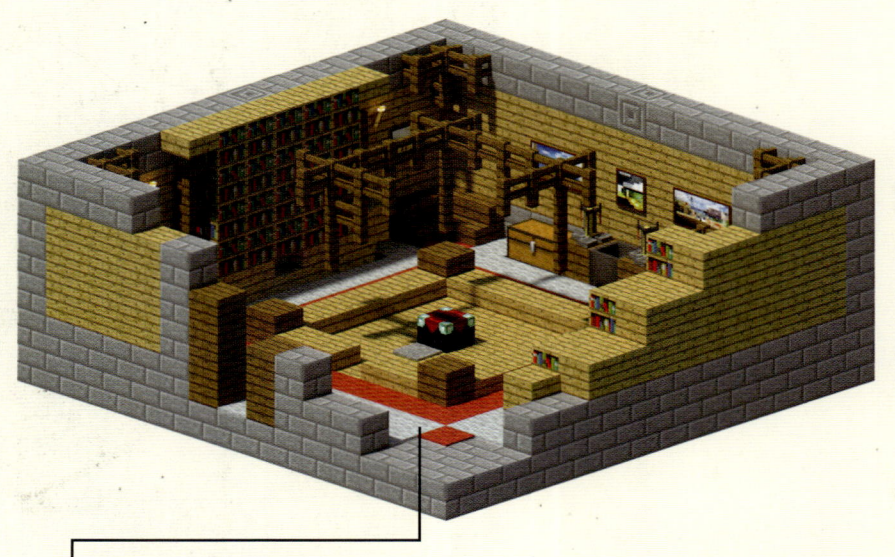

이것이 압력판에 누군가 다가서기 전 방의 모습입니다.

ⓘ 숨겨진 도서관

인챈트 테이블 주위를 책장으로 둘러싸면 인챈트의 수준을 증가시킬 수 있지만, 방의 중앙에 배치되므로 불편한 구조가 될 수 있습니다. 압력판으로 작동하는 이 솟아 오르는 책장들은 누군가 자신의 무기와 갑옷을 강화하기 위해 테이블 앞에 서면 자동으로 나타나도록 설계되어 있습니다.

ⓘ 만드는 방법

3단계로 만듭니다. 첫 번째 단계는 단순한 격자 모양으로 레드스톤이 배치되어 있습니다. 가운데 단계는 레드스톤이 올려진 고리 모양의 점토 블록 내부에 위쪽을 향한 끈끈이 피스톤이 배치되어 있습니다. 최상위 단계에는 끈끈이 피스톤의 위에 책장들로 압력판과 인챈트 테이블을 둘러쳤습니다. 압력판과 인챈트 테이블의 바닥은 나무 블록이어야 합니다. 압력판을 밟으면 레드스톤 전류가 나무 블록을 통해 흐르고, 레드스톤 격자에 전류를 공급하여 책장들을 밀어 올리는 끈끈이 피스톤을 동작시킵니다.

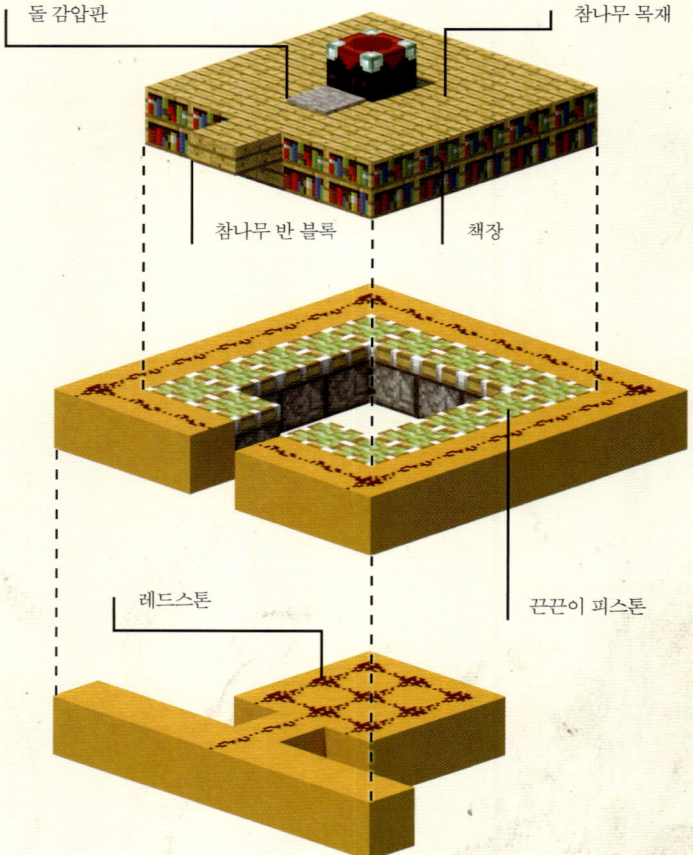

돌 감압판

참나무 목재

참나무 반 블록

책장

레드스톤

끈끈이 피스톤

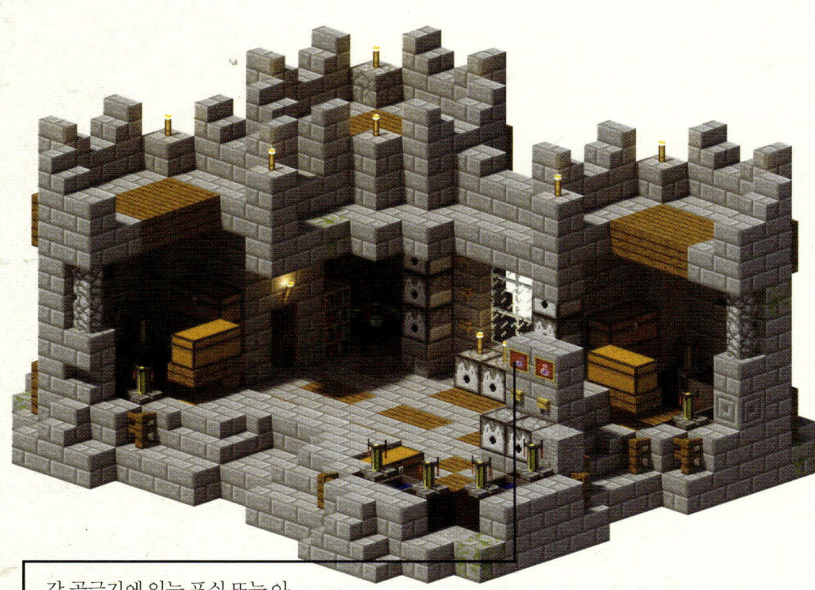

ⓘ 물약 공급기

양조 시설은 넓은 저장 공간과 새로운 물약을 조제하는데 필요한 다양한 재료를 필요로 합니다. 서로 다른 물약이 저장되도록 재료들을 각각의 공급기가 배치된 조제 벽에 투여해야 합니다. 버튼을 누르면 필요한 물약을 얻을 수 있습니다.

각 공급기에 있는 표식 또는 아이템 액자는 다양한 물약을 구분하는데 사용됩니다.

ⓘ 마법사의 탑

마법사가 항상 성에 거주해야 할 경우, 성 내부 혹은 성벽 바깥 쪽에 붙어있는 인챈트 룸을 가지고 있어야 합니다. 이것은 만일 문제가 발생한다면 언제든지 왕국 최고의 마법사가 활약할 수 있다는 것을 의미합니다. 외관 스타일은 구불구불한 마법사의 탑처럼 보이도록 설계하는 것이 좋습니다.

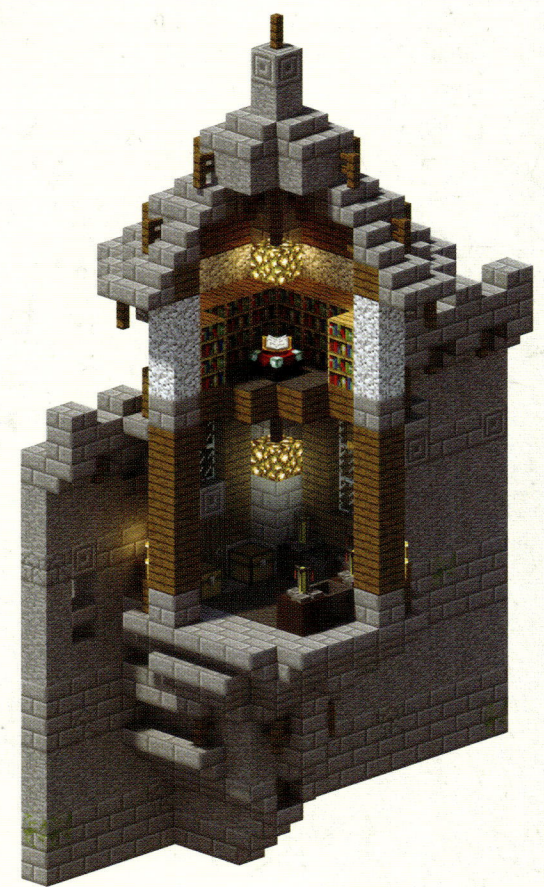

부싯돌과 강철 또는 불을 점화하여 포탈을 활성화합니다.

만들 수 있는 가장 큰 네더 포탈은 23×23 블록 크기입니다.

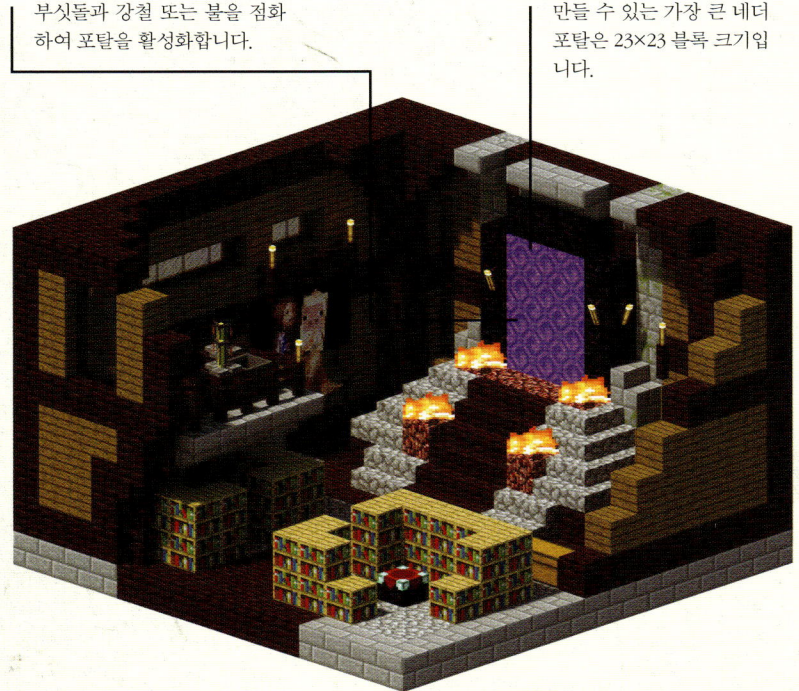

ⓘ 네더의 방

물약을 조제하거나 인챈트를 할 때 사용되는 몇몇 희귀한 블록들은 네더에서만 구할 수 있기 때문에, 네더에서 아이템을 수집하기 위한 지름길을 만들어 놓는 것이 좋습니다. 인챈트 룸에 포탈을 만들기 위해 4×5 블록 크기의 흑요석 틀을 만듭니다.

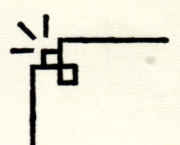
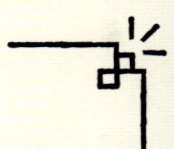

지하 감옥

🕐 1시간　❶ ❷ ❸ ❹　쉬운 난이도

여러분의 성에 대한 침략자들의 공격이 실패하고 적들이 항복하게 되면,
그들에게 교훈을 줄 수 있는 인상적인 장소가 필요하기 마련입니다. 성채의 지하에 마련된 비밀스럽고 안전한 지하 감옥은
붙잡힌 적들이 더 이상 문제를 일으키지 않도록 블록과 철창 안에 가둘 것입니다.

지하 감옥은 한번에 최대 10명의 죄수를 유치할 수 있도록, 각각 분리된 감방들로 나눌 수 있습니다.

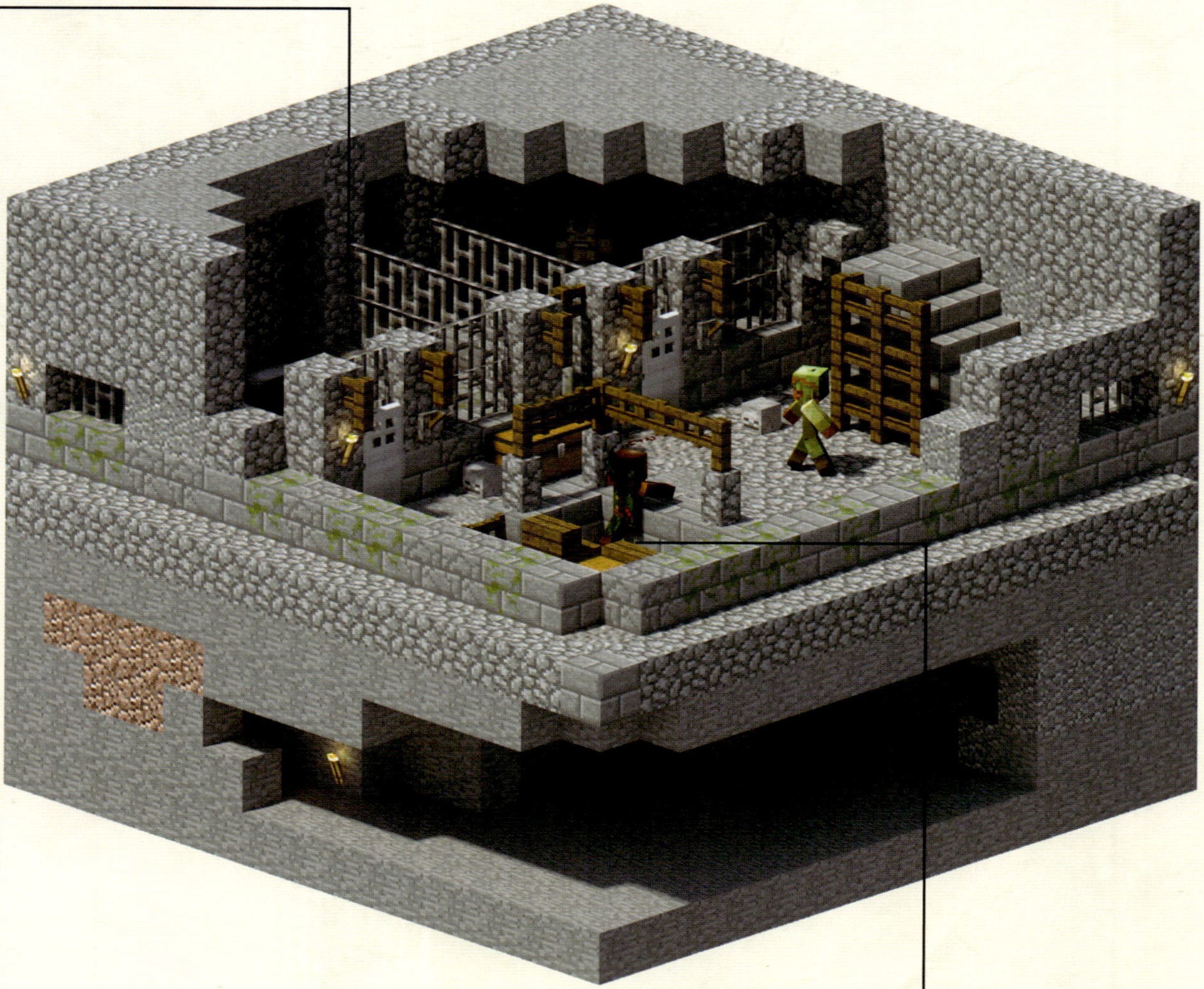

죄수들을 감시하고 재판장으로 호송할 수 있도록 간수들은 지하 감옥 안에 주둔합니다.

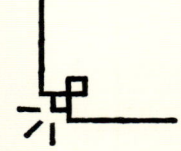
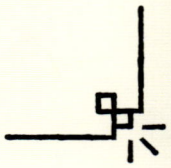

건축 설계도

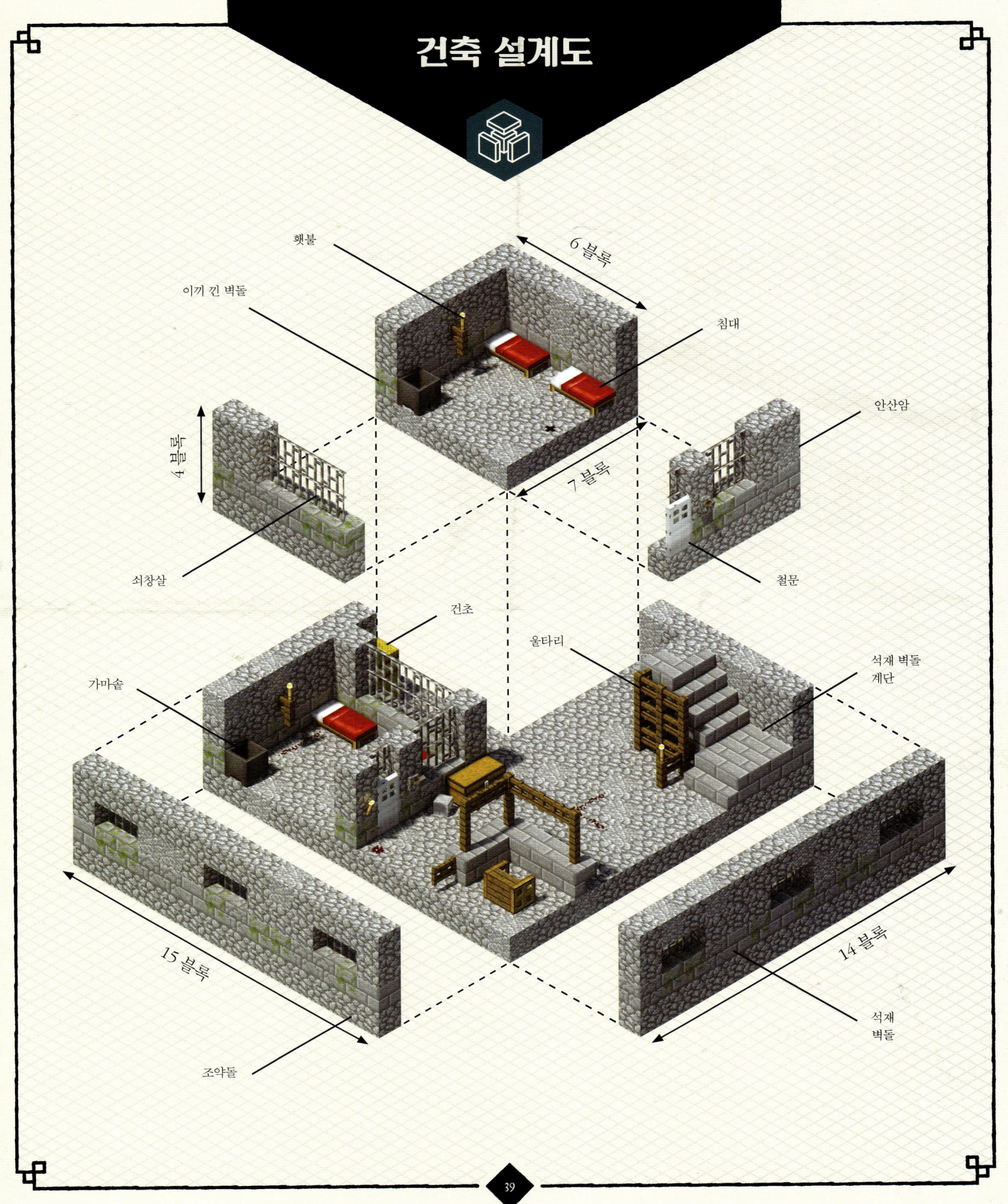

햇불

이끼 낀 벽돌

6 블록

침대

안산암

4 블록

7 블록

쇠창살

철문

건초

울타리

석재 벽돌
계단

가마솥

15 블록

14 블록

조약돌

석재
벽돌

응용해 봅시다

여러분은 포로를 비교적 편하게 살 수 있도록 배려하는 스타일입니까?
아니면 더러운 깊은 지하에 뒹굴도록 방치하는 스타일입니까? 다음 아이디어들을 통해 여러분의 상상력을 깨우고
여러분이 통치하는 영역을 침범한 초대받지 않은 적들을 가둬 놓을 특별한 지하 감옥을 만들어 보세요.

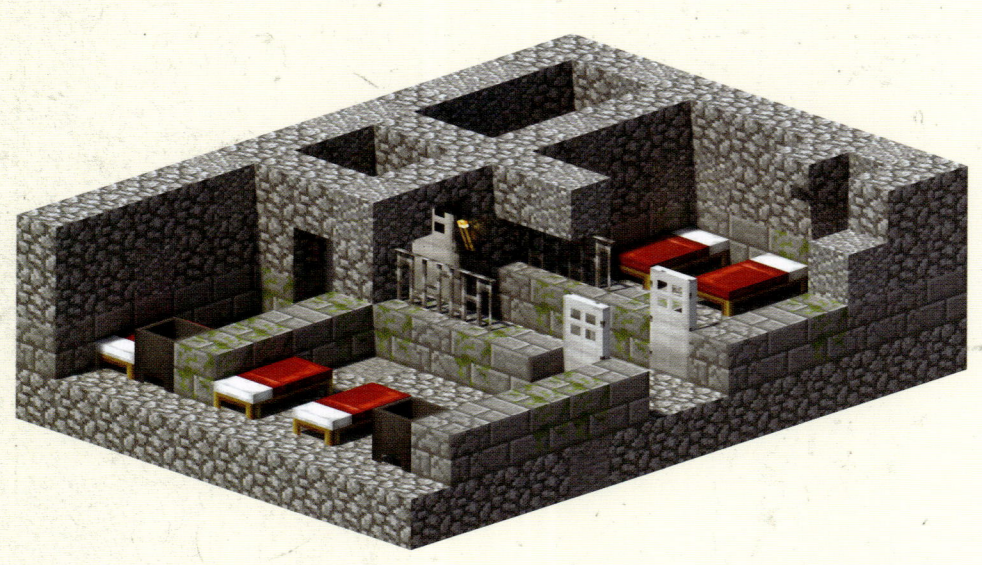

ⓘ 지하 감옥 형태

지하 감옥은 아주 커다란 하나의 방으로 이루어진 형태, 혹은 죄수들이 각기 자신의 공간을 가질 수 있도록 독립적인 감방들로 나눈 형태로 만들 수 있습니다. 철문에 레버들을 달아 간수가 허락한 경우에만 열릴 수 있게 합니다.

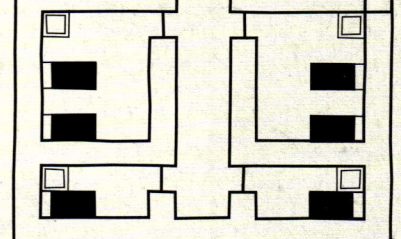

이것은 작은 감방들로 나뉘어진 지하 감옥의 배치도를 나타내는데, 더 많은 감방들이 필요할 경우 확장할 수 있습니다.

ⓘ 뚫을 수 없는 벽

잡혀있는 동료들을 구출하기 위해 적들이 지하 감옥에 대한 공격을 시도할 수도 있습니다. 지하 감옥을 뚫어 침입을 시도하는 어리석은 자들을 응징하기 위해, 용암으로 지하 감옥의 벽을 채워 적들의 공격으로부터 사방이 안전한 지하 감옥을 만들 수 있습니다.

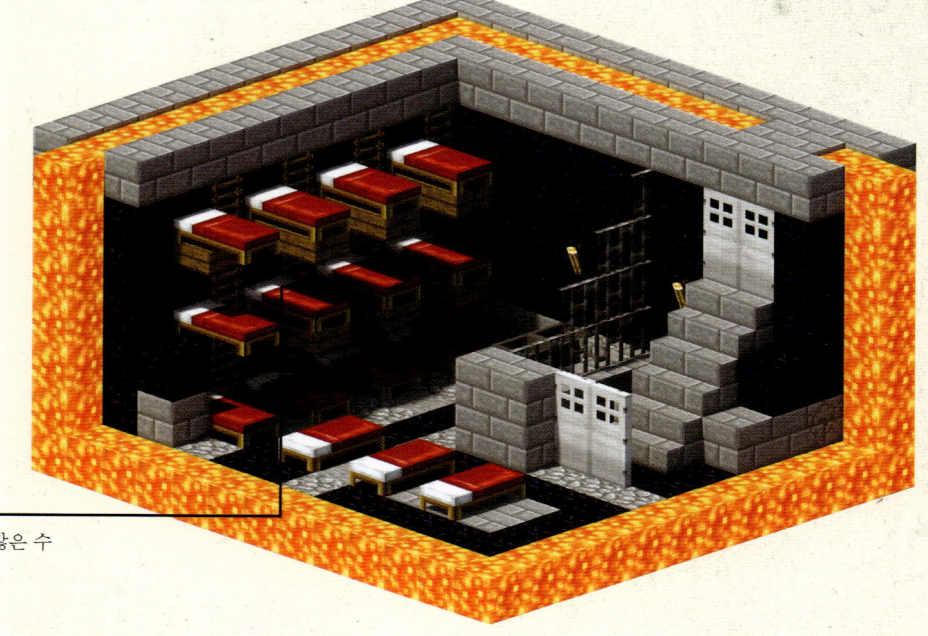

지하 감옥에 수용할 포로들의 수가 넘쳐날 경우, 최대한 많은 수를 수용하기 위해 벽을 따라 침대의 층을 추가해 나갑니다.

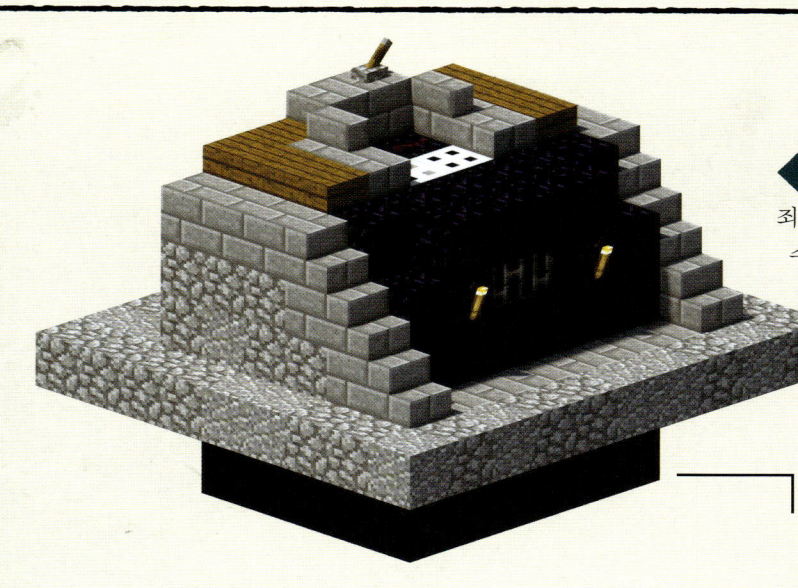

독방

죄수가 다른 죄수들과 함께 문제를 일으켰을 경우, 천장으로만 출입할 수 있는 지하 감옥의 특별한 유형인 독방에 오랫동안 투옥시킬 수 있습니다. 흑요석으로 만든 좁은 방 구덩이에 죄수들을 던져 넣기 위해 레버로 조정하는 함정문을 천장에 만듭니다.

문제를 일으킨 죄수를 외부와 단절시키기 위해, 독방의 천장이 바닥과 같은 높이가 되도록 파야 합니다.

기본적인 지하 감옥

지하 감옥은 전혀 화려할 필요가 없습니다. 오직 침입자들이나 도둑들을 가두는 데 사용됩니다. 나라의 자원이 부족하다면 일단 나무와 흙 블록으로 지하 감옥을 만들고 나중에 강한 블록으로 대체할 수도 있습니다.

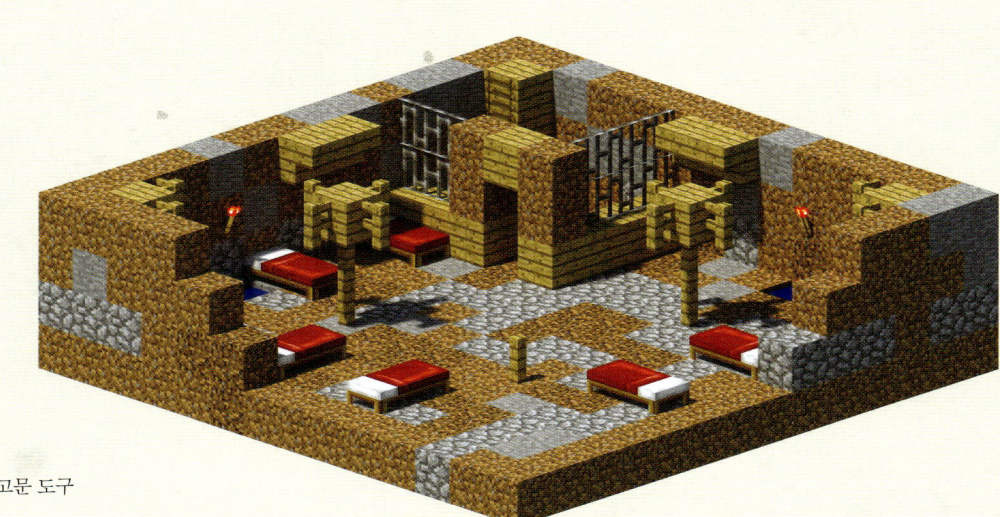

죄수들이 도구 없이도 흙을 팔 수 있기 때문에, 지상으로 파고 올라오는 길을 찾지 못하도록 지하 감옥을 아주 깊은 곳에 만들 필요가 있습니다.

몸을 늘이는 고문 도구

안쪽에 못이 박힌 고문 도구

고문실

이 어둡고 습한 방은 왕국에서 최악의 폭도를 위해 예약된 곳입니다. 훌륭한 창조적 발명품들과 무서운 고문 도구들로 가득한 이 방에 대해 몇몇 통치자들은 좀비와 크리퍼에게 조차도 너무 잔인한 곳이라고 생각할 정도입니다.

물 고문 도구

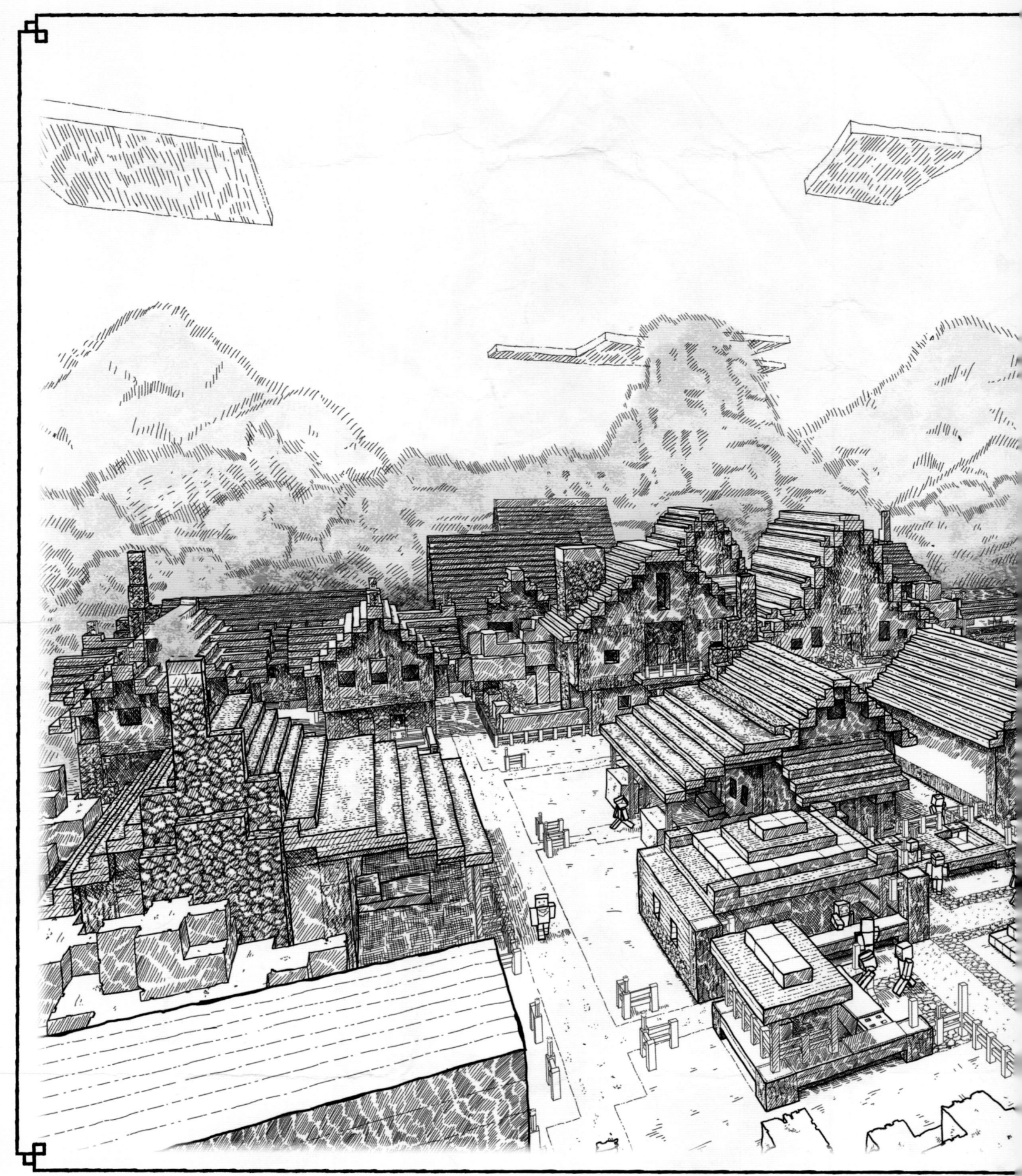

마을

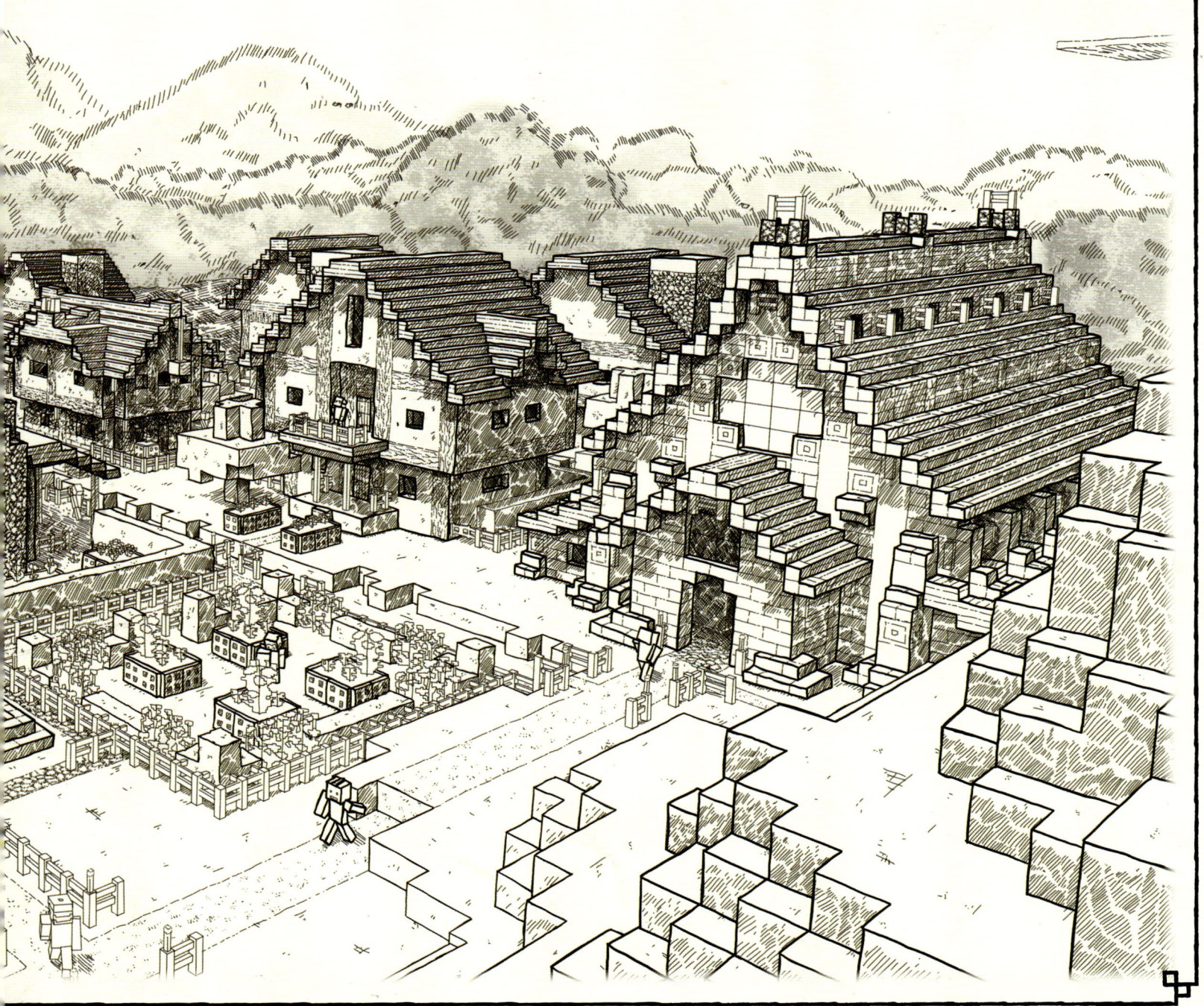

마을의 집

🕐 1시간 ① ② ③ ④ 완전 초보

중세 왕국에는 왕에게 충성하는 백성들과 그들이 살 장소가 필요합니다.
여러분의 백성들이 편안히 생활할 수 있고, 밤에 적대적인 몹들로부터 몸을 보호할 수 있도록 기본적인 집들을 많이 지어야
합니다. 중세 시대에는 이와 같이 나무와 자갈 블록을 사용하여 간단한 스타일로 지은 건물들이 많았습니다.

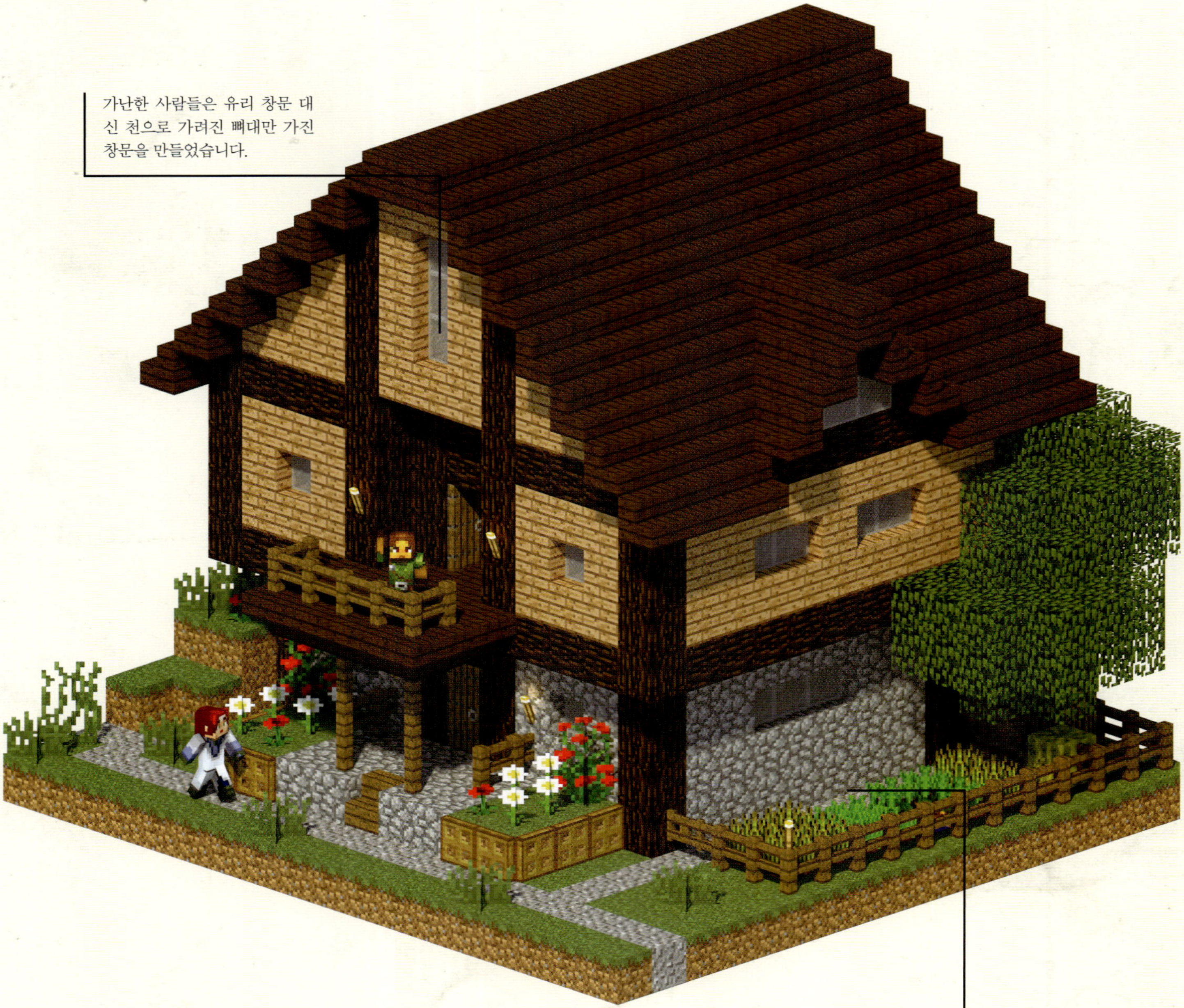

가난한 사람들은 유리 창문 대
신 천으로 가려진 뼈대만 가진
창문을 만들었습니다.

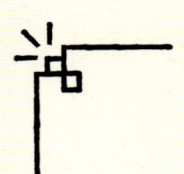

나무들이 썩어 붕괴하지
않도록 대부분의 집들은
돌로 기초 공사를 합니다.

건축 설계도

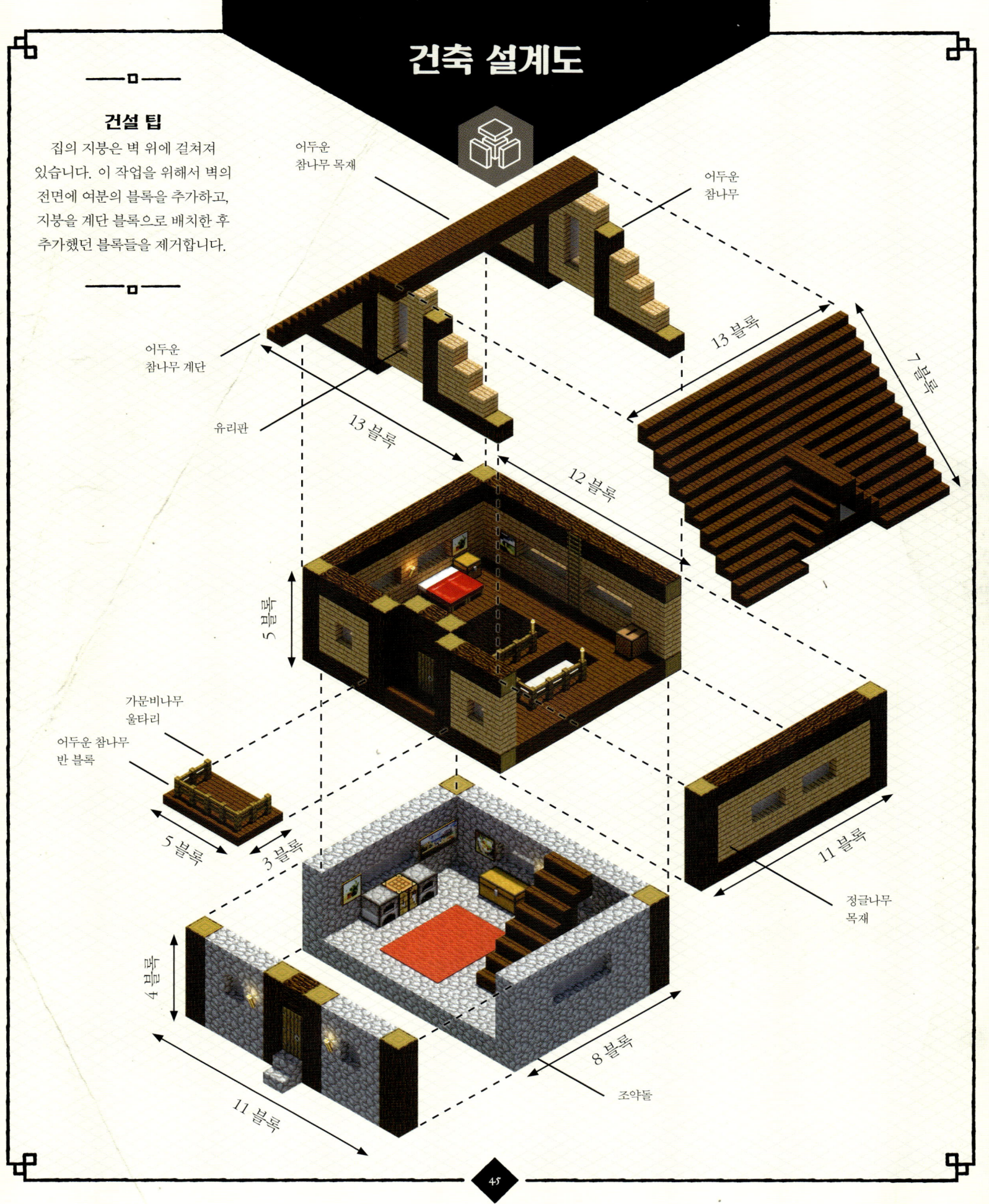

건설 팁

집의 지붕은 벽 위에 걸쳐져 있습니다. 이 작업을 위해서 벽의 전면에 여분의 블록을 추가하고, 지붕을 계단 블록으로 배치한 후 추가했던 블록들을 제거합니다.

어두운 참나무 목재

어두운 참나무

어두운 참나무 계단

유리판

13 블록

13 블록

12 블록

7 블록

5 블록

가문비나무 울타리

어두운 참나무 반 블록

5 블록

3 블록

11 블록

정글나무 목재

4 블록

8 블록

조약돌

11 블록

응용해 봅시다

마을 전체를 똑같은 모양의 주택들로 만들면 매우 단조로워 보일 것입니다.
여기 각각 고유한 모양의 집을 만들기 위한 다양한 방법을 소개합니다.
물론 건물의 형태와 재료 블록들을 변경할 수도 있지만, 집에 추가할 수 있는 요소들 또한 다양합니다.

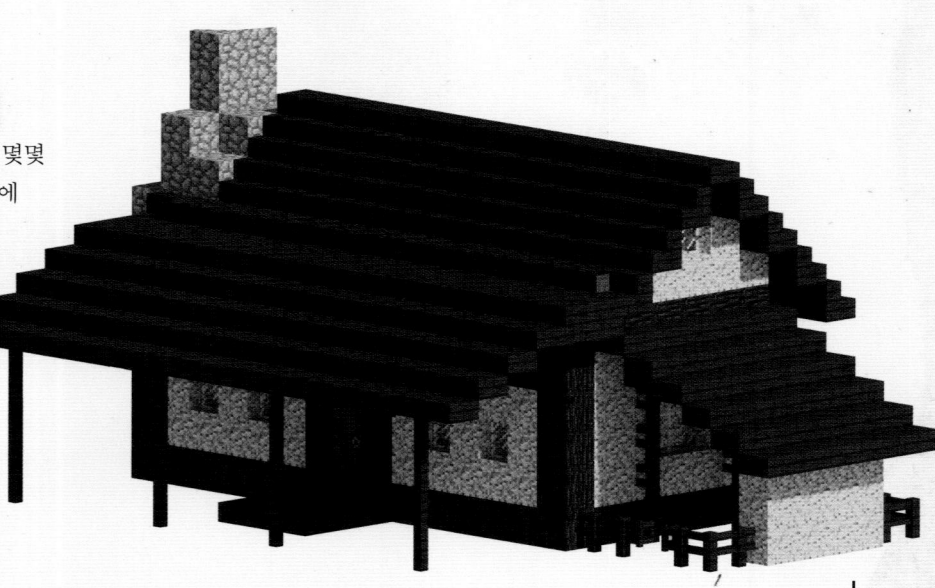

ⓘ 중세 방갈로

마을의 주택들을 서로 다르게 만들기 위해서, 몇몇
주택들은 1층으로 만들 수 있습니다. 집 내부에
벽을 추가하면 방들이 매우 작아질 수 있기 때
문에 벽이 없이 침대, 용광로, 가정용 가구
들을 한 공간에 배치합니다.

간단한 창문 열기 효과를 위해
나무 함정문을 사용합니다.

집 옆에 붙어 있는 지붕이 있는 열린 공간은 동
물을 기르기 위한 최적의 장소입니다.

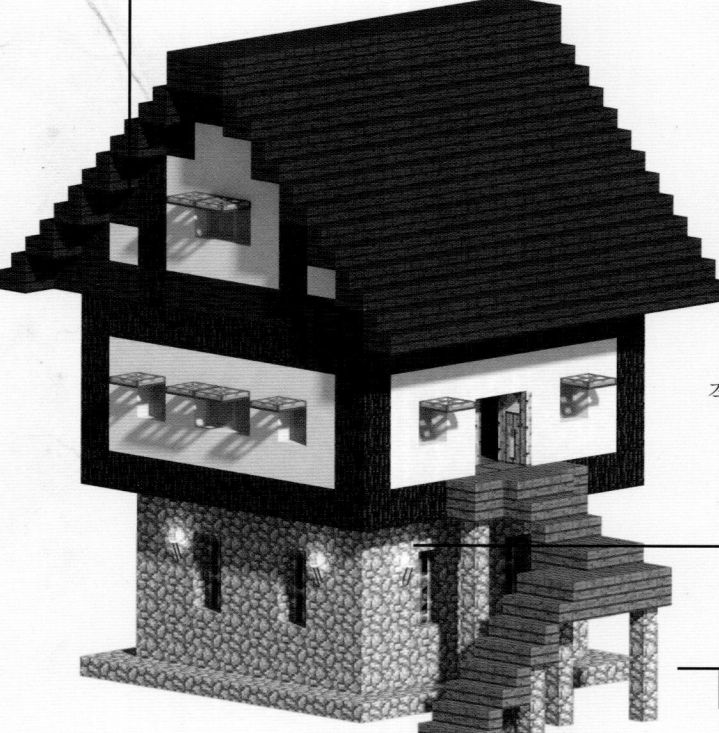

ⓘ 고층 집

마을 사람들이 거미, 크리퍼 그리고 다른 적대적인 몹들로
부터 안전하게 생활할 수 있도록 바닥부터 튼튼한 기초를
쌓고 그 위에 집을 짓습니다. 아래층은 집 안에서만 들어
갈 수 있도록 설계했으므로, 패닉룸을 만들거나 마을이 공
격당했을 때 사용할 비밀 출입구를 만들기에 제격입니다.

집의 아래층은 창고로 사용할 수
도 있습니다.

조약돌 울타리 블록을 사용하여 계단
을 지지하는 기둥을 만듭니다.

마치 연기를 내뿜는 것처럼 보이게 하기 위해 굴뚝 위에 거미줄을 추가합니다.

인테리어 장식

집에 흥미로운 장식들을 추가하여 사람들이 훨씬 더 살기 편한 매력적인 장소로 만들 수 있습니다. 식물, 꽃, 횃불, 작업대, 용광로, 표지판, 그림 및 수정이 가능한 아이템 액자들을 서로 다르게 조합하면 독창적인 주택을 만들 수 있습니다. 주크박스처럼 너무 현대적인 아이템은 피하세요.

요새의 진실

중세 시대에는 항상 어떤 목적을 가지고 애완 동물을 키웠었습니다. 고양이가 집 주변의 쥐들을 잡는 동안 개들은 사냥과 집을 지키는 데 사용되었습니다.

벽화는 최대 4×4 블록의 벽면 공간을 덮을 수 있습니다. 그림을 최대 크기로 배치하기 위해서는 그림의 모서리를 벽의 왼쪽 아래에 맞춰주어야 합니다.

벽난로를 만들기 위해서는 바닥에 네더랙을 설치하고 부싯돌과 철로 불을 붙입니다.

농촌 주택

성벽 밖에 멀리 떨어진 넓은 영지에는 주위가 넓게 트인 농촌 주택이 있어야 합니다. 농지에는 마을 시장에서 다른 사람들과 거래할 수 있도록 당근, 밀, 호박 등을 심을 수 있습니다.

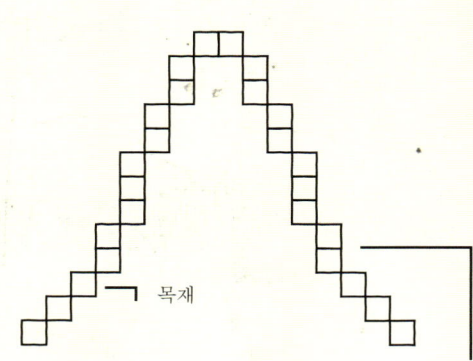

목재

지붕은 특정 지점에서 교차되도록 나무 블록들을 겹겹이 쌓아 곡선으로 높게 만들 수 있습니다.

울타리로 농작물을 둘러싸면 야생 동물들이 달려드는 것을 막을 수 있습니다.

시장 광장

시장 광장은 중세 왕국에서 상업 활동의 중심지였습니다. 여러분은 왕국에서 필요한 모든 것들을
시장 광장에 있는 가판대 중 하나에서 찾을 수 있을 것입니다. 마을 사람들은 무기와 물약부터 호박과 감자같은 작물에
이르기까지, 거의 모든 것들을 거래합니다.

상인은 한 가지 유형의 상품을 판매하는데
전문화되어 있습니다. 잡화상은 음식을 팔
고, 대장장이는 무기와 금속 부품을, 농부
들은 가축을 거래합니다.

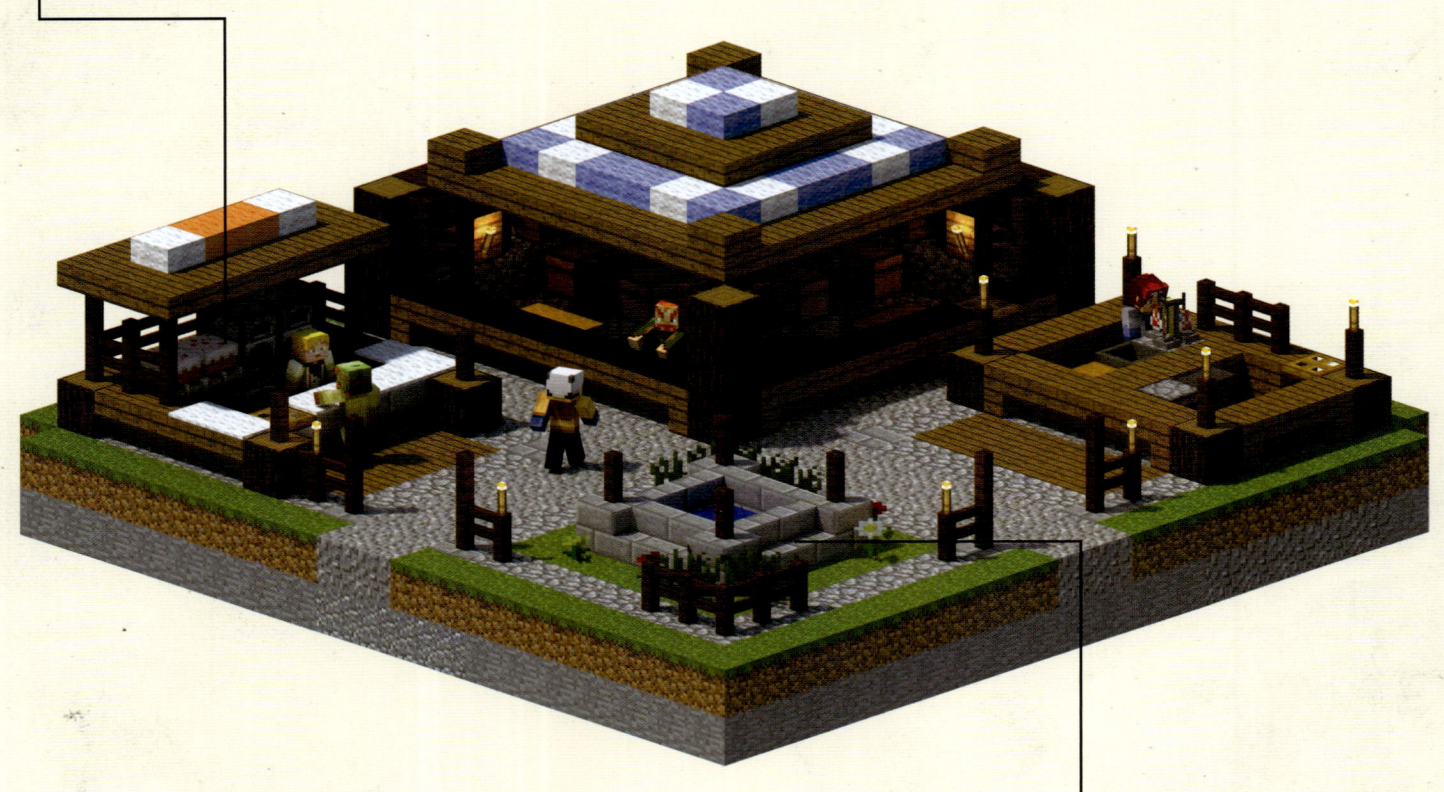

시장은 도시의 심장과도 같습니다.
실제로 도시와 마을을 구분하는 데는
시장이 있고 없고를 기준으로 합니다.

건축 설계도

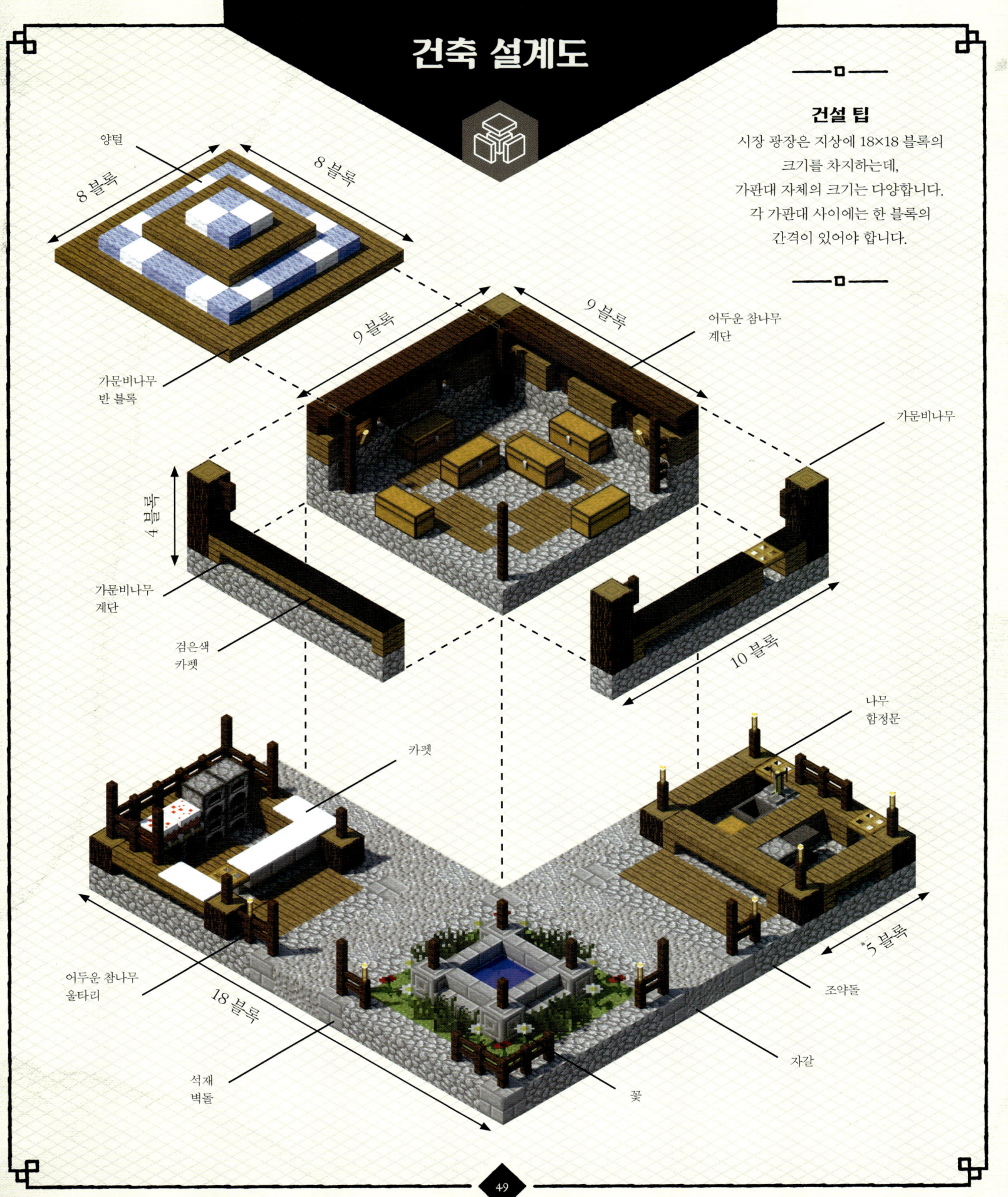

8 블록

8 블록

가문비나무
반 블록

건설 팁

시장 광장은 지상에 18×18 블록의
크기를 차지하는데,
가판대 자체의 크기는 다양합니다.
각 가판대 사이에는 한 블록의
간격이 있어야 합니다.

9 블록

9 블록

어두운 참나무
계단

가문비나무

4 블록

가문비나무
계단

검은색
카펫

10 블록

나무
함정문

카펫

어두운 참나무
울타리

18 블록

석재
벽돌

꽃

5 블록

조약돌

자갈

응용해 봅시다

일반적인 NPC 마을에서처럼, 시장 광장은 좋은 거래를 할 수 있는 기회를 제공할 것입니다. 몇 가지 추가적인 기능들과
사용자가 정의할 수 있는 항목들을 추가하면, 각지에서 몰려든 사람들이 시장의 기능에 감탄하고
여러분의 시장이 더욱 번성하도록 한 몫 거들게 될 것입니다.

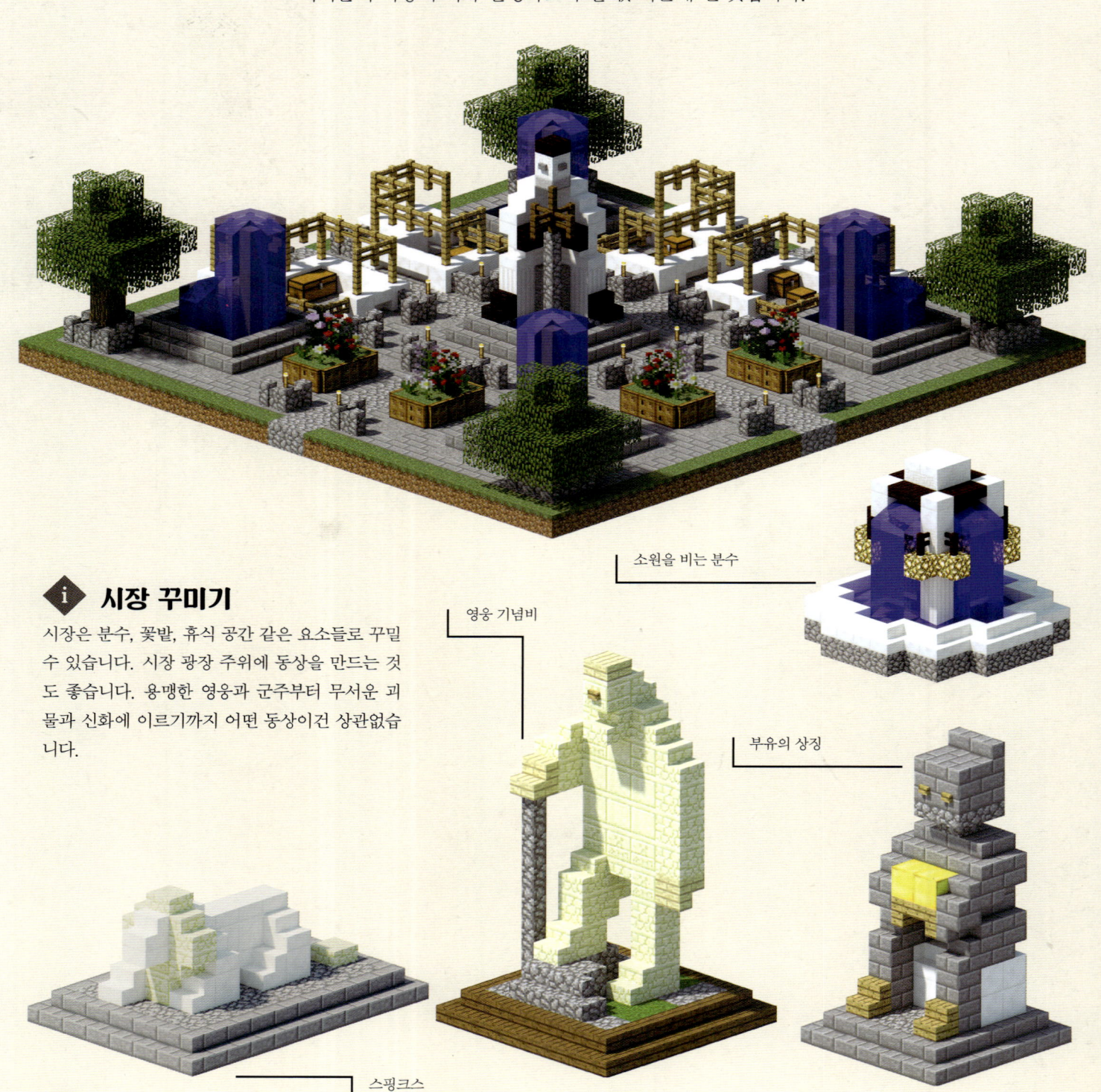

소원을 비는 분수

영웅 기념비

부유의 상징

스핑크스

ℹ️ 시장 꾸미기

시장은 분수, 꽃밭, 휴식 공간 같은 요소들로 꾸밀
수 있습니다. 시장 광장 주위에 동상을 만드는 것
도 좋습니다. 용맹한 영웅과 군주부터 무서운 괴
물과 신화에 이르기까지 어떤 동상이건 상관없습
니다.

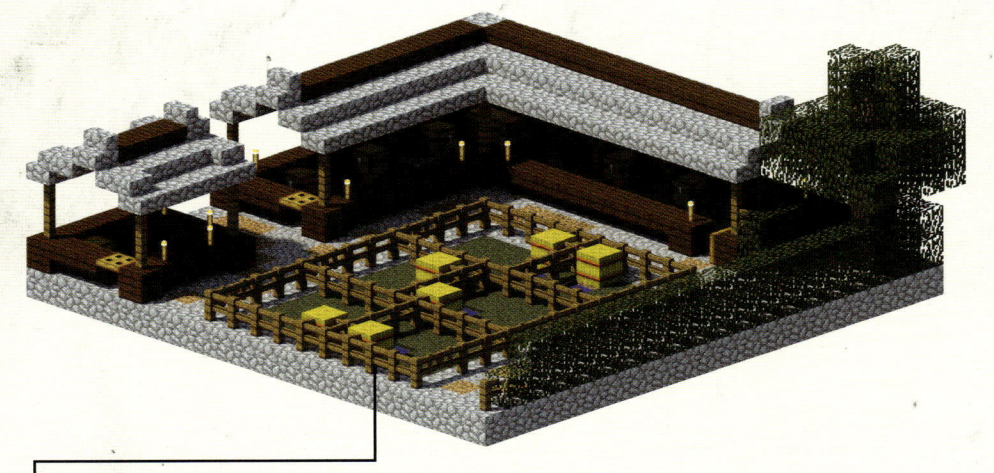

 가축 거래

마을 사람들은 자신이 가진 동물이 많을 경우 시장에 내다 팔 수 있습니다. 돼지, 양, 닭 그리고 다른 유용한 동물들을 모두 거래할 수 있습니다. 이런 가축들은 계란, 육류와 우유를 제공하는데 사용될 수 있고, 향후 시장에서 거래하기 위한 다른 상품의 원료로 사용될 수도 있습니다.

중세 상인들은 동물들을 전시할 수 있는 울타리를 가지고 있었습니다. 전시장은 간단하게 울타리를 치고 건초더미를 놓아 만듭니다.

 쇼핑몰

몇몇 상인들은 가판대가 좁거나, 희귀한 광석같이 좀더 가치있는 아이템을 거래하기 위해 안전한 장소가 필요하기 때문에 거리의 가판대보다 큰 건물 안에 점포를 내고자 할 수도 있습니다. 쇼핑몰은 시장 광장에서 제공하는 모든 기능들을 한 장소에서 제공하고 있습니다.

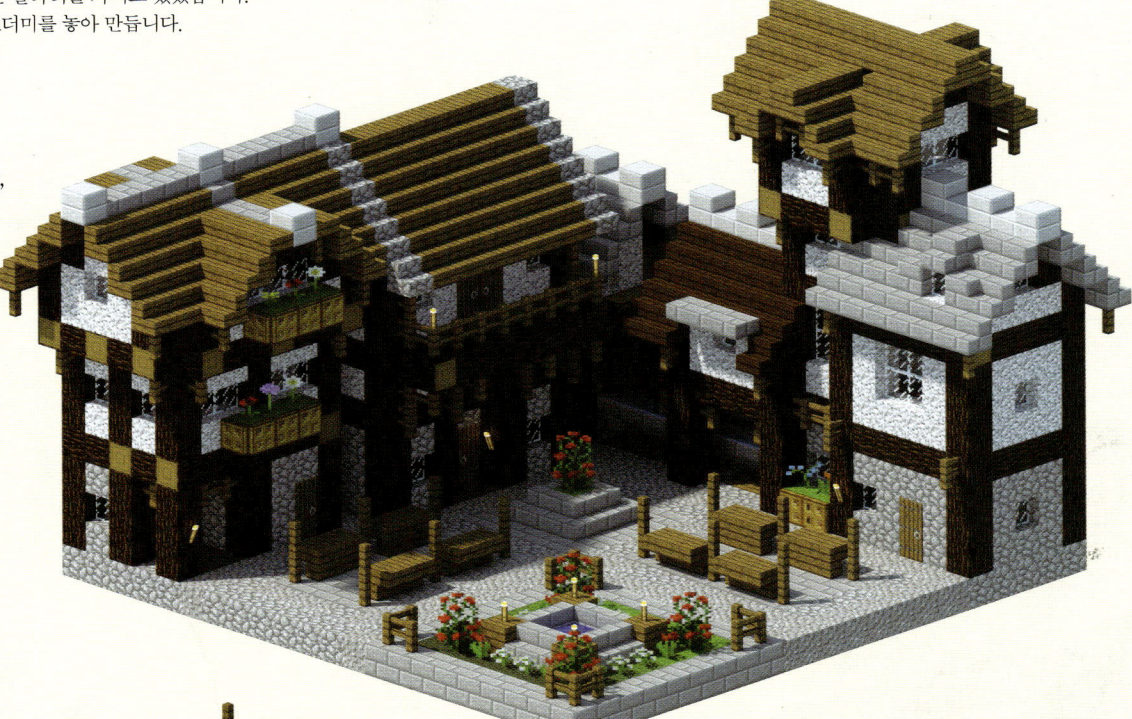

상인들은 노를 저어 보트를 타고 시장에 향할 수 있으며, 부두에는 타고 온 보트를 정박할 것입니다.

 부둣가 시장

낚시는 거래 아이템을 얻을 수 있는 또 다른 쉬운 방법입니다. 바다에서 잡은 물고기는 체력과 배고픔을 충전하는데 사용하고, 남은 것들은 다른 사람과 유용한 물건으로 교환할 수 있습니다. 부두 인근 물 위에 가판대를 만들고 부두 관리인의 집을 짓습니다.

여행자 선술집

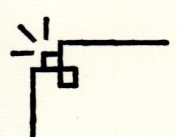

🕐 1시간 반 ①②③④ 쉬운 난이도

여러분이 만든 중세의 요새를 많은 사람들이 방문하기를 바라겠지만, 모든 이들이 성 안에 들어갈 수는 없습니다.
선술집을 만든다면 친구들이나 여행객 그리고 무역상들이 거기에 머물면서 마을 사람들과 교류할 수 있고,
토끼 스튜나 야채 수프 한 접시로 체력을 보충할 수 있을 것입니다.

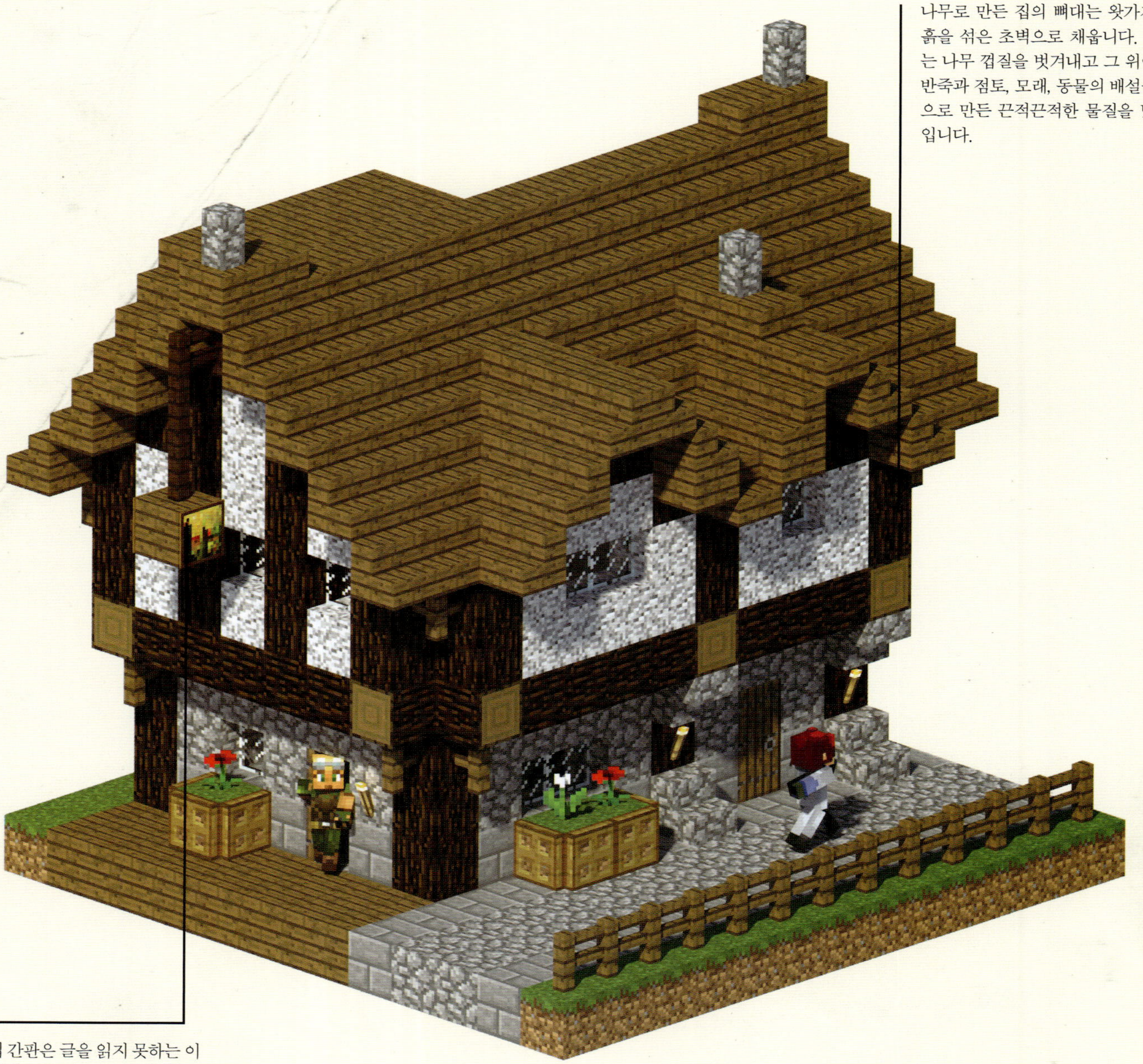

나무로 만든 집의 뼈대는 왓가지와 진흙을 섞은 초벽으로 채웁니다. 왓가지는 나무 껍질을 벗겨내고 그 위에 진흙 반죽과 점토, 모래, 동물의 배설물과 짚으로 만든 끈적끈적한 물질을 덮은 것입니다.

선술집 간판은 글을 읽지 못하는 이들도 알아볼 수 있도록 그림으로 표시하여 나타내었습니다.

건축 설계도

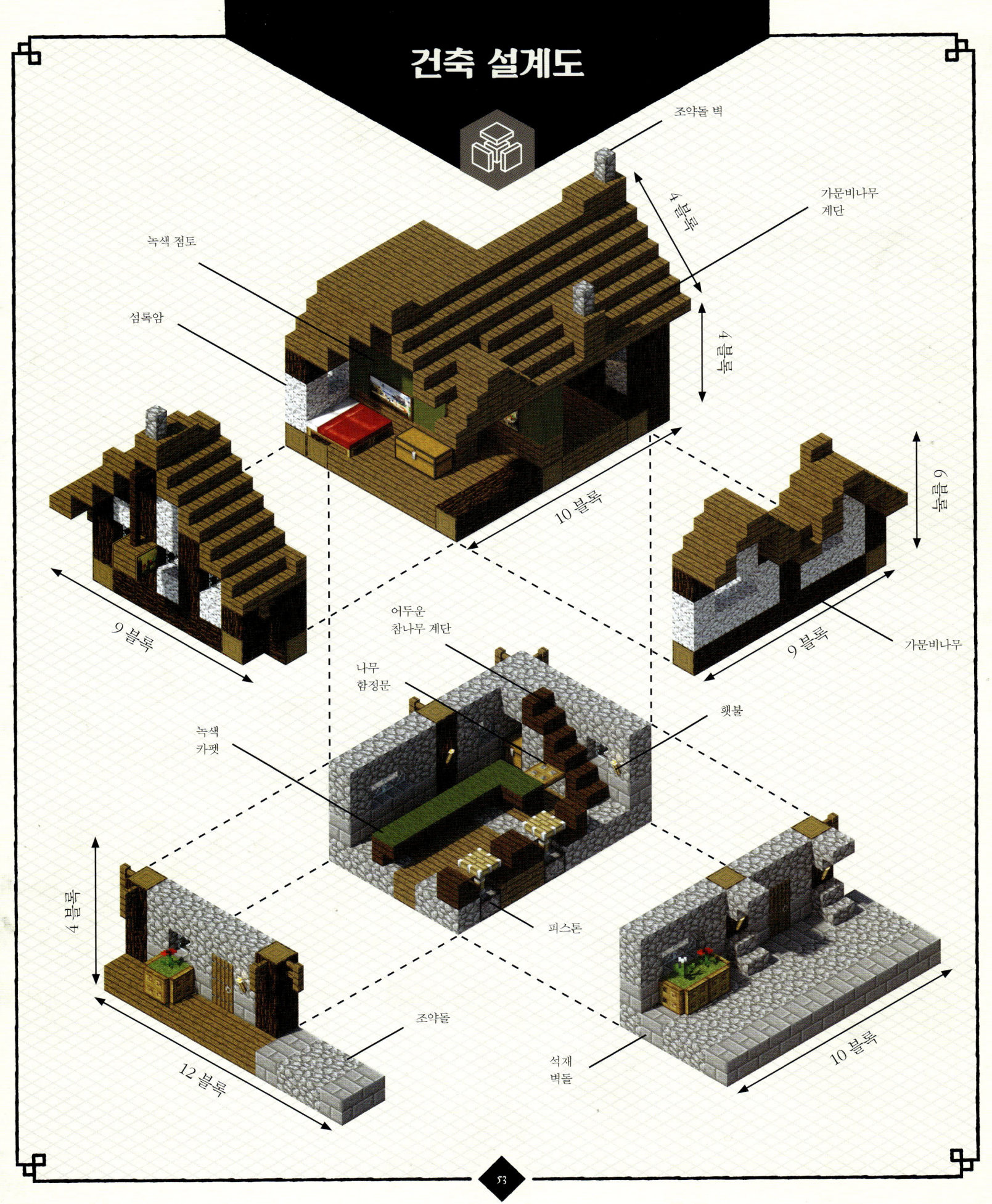

조약돌 벽

가문비나무
계단

녹색 점토

4 블록

섬록암

4 블록

9 블록

10 블록

9 블록

가문비나무

어두운
참나무 계단

나무
함정문

녹색
카펫

햇불

피스톤

4 블록

조약돌

12 블록

석재
벽돌

10 블록

응용해 봅시다

선술집은 그 마을의 사교의 장이었으며, 어디에 위치하는지 혹은 마을 사람들에게 무엇이 필요한지에 따라
여러 가지 모양과 형태를 가질 수 있습니다. 여행객과 지역 주민 모두에게 편안함을 제공하기 위해 여러 가지 시설을
추가하여 다양한 선술집을 만들어 봅시다.

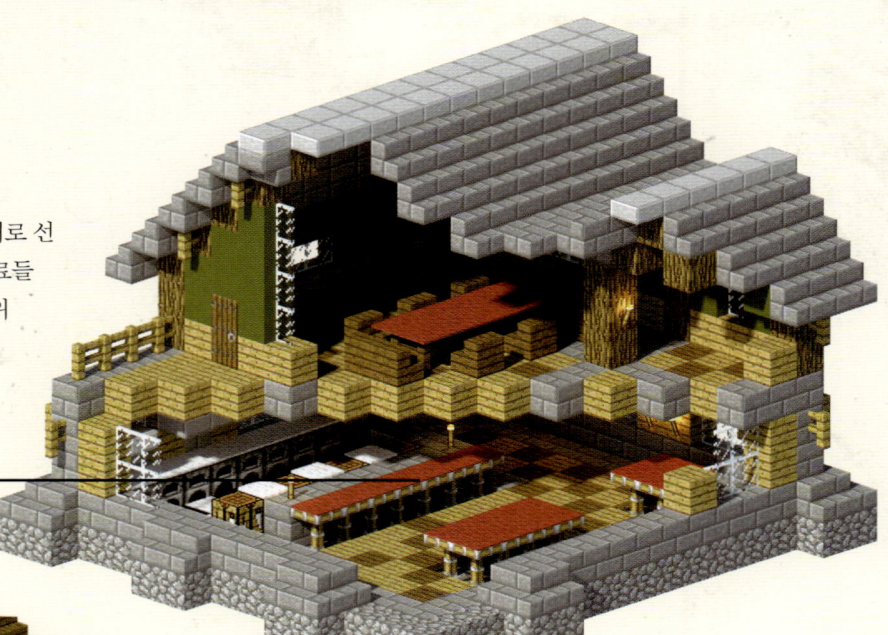

선술집 식당

지친 여행객들은 배고프고 체력 보충이 필요한 상태로 선
술집에 도착합니다. 식료품이 잘 저장되어 있고 재료들
이 충분할 경우, 용광로를 많이 배치하면 손님들을 위
해 많은 음식을 만들 수 있습니다.

테이블 보를 만들기 위해서 피스톤 테이블
위에 카펫을 놓습니다.

개인 거실, 식사 공간 및 1층의 넓은 대기소까
지, 여인숙은 잠자리 외의 요소들도 포함하고
있습니다.

여인숙

가장 붐비는 선술집은 큰 도시에 위치하며 한 번에 많은
방문자를 맞이할 수 있습니다. 왕국을 지나가는 모든 여
행객, 상인 그리고 용병들에게 충분한 방을 제공할 수 있
도록 여인숙은 여러 층으로 지어야 합니다.

여인숙의 객실은 침대와 수납 공간 같은 필수
요소들을 비치해야 합니다.

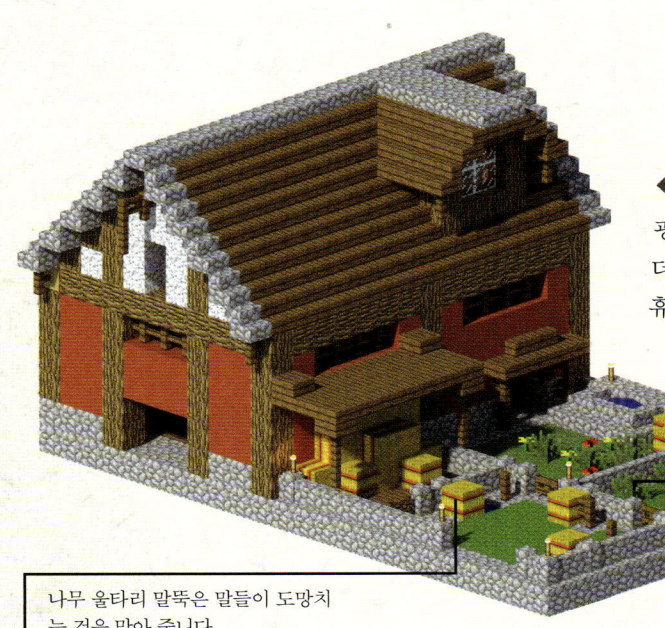

ⓘ 마구간

광대한 왕국을 가로지르는 장거리 여행객들은 말을 타는 것이 더 빠르고 편할 것입니다. 따라서 그들의 말이 밤새 잠을 청하고 휴식할 수 있는 장소가 필요합니다. 선술집 바깥의 푹신한 건초 더미가 완비된 큰 헛간과 많은 당근은 지친 말들을 수용하기에 더할 나위 없을 것입니다.

나무 울타리 말뚝은 말들이 도망치는 것을 막아 줍니다.

말이 움직일 수 있는 충분한 야외 공간이 있어야 합니다.

선술집에 화분을 추가하여 더 많은 이들이 찾을 수 있게 할 수 있습니다. 이때 흙 블록, 함정문과 꽃을 사용합니다.

요새의 진실

중세 시대에는 주요 도시 외곽의 여관과 선술집이 특히나 중요한 역할을 했습니다. 여행객들이 여행 중에 음식과 잠잘 곳을 찾을 수 있는 유일한 장소 중 하나였을 것입니다.

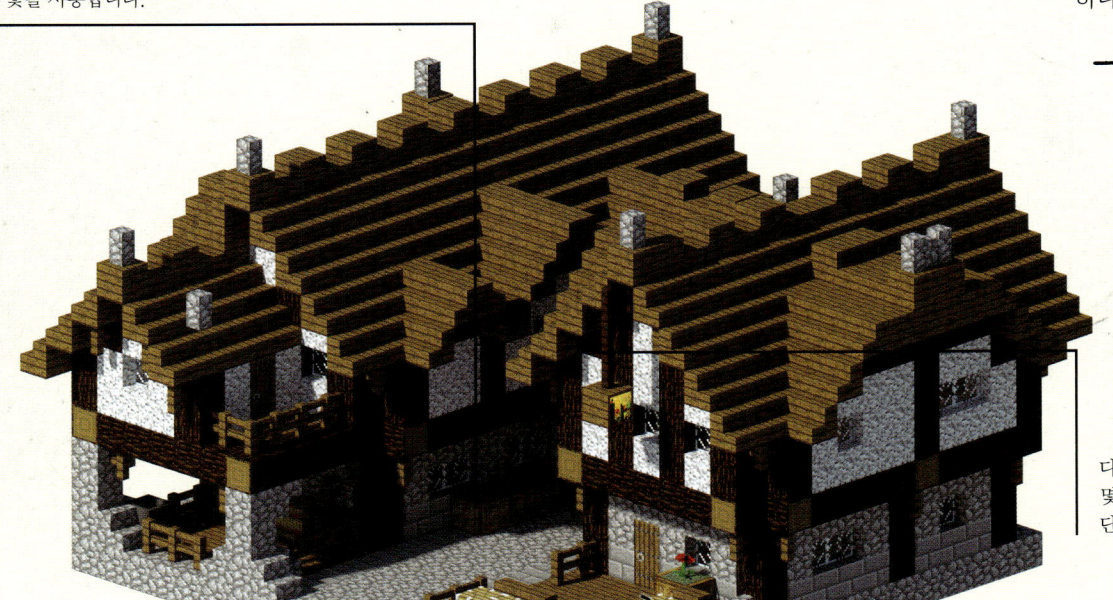

다양한 고가 도로로 연결하면 몇 개의 건물로 이어진 선술집 단지를 만들 수 있습니다.

ⓘ 도시의 선술집

거주자 및 유동 인구가 많은 곳에는 커다란 선술집을 짓는 것이 어렵지만, 건물들을 조합하면 가능합니다. 이동 통로를 높여 건물들을 이어주면 그 밑으로 말이나 마차, 주민들을 위한 도로로 사용할 수 있고, 선술집에서 침실을 만들기 위한 확장된 공간을 확보할 수 있습니다.

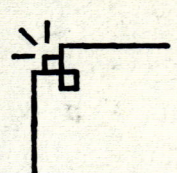

성당

🕐 2시간 ❶ ❷ ❸ ◆ 중간 난이도

여러분의 왕국에서 가장 크고 정교한 건물은 바로 성채 옆에 위치한 성당일 것입니다.
화려한 스테인드 글라스와 다양한 블록 모양이 조합되고 수백, 수천 명의 마을 사람들을 수용할 수 있는 규모의 성당은
여러분의 요새 전체를 통틀어 가장 사람들로 붐비는 곳 중 하나일 것입니다.

스테인드 글라스 창은 이야기를 묘사하는 그림들로 꾸며집니다. 따라서 중세 시대 대부분이 문맹 인구라 해도 쉽게 이해할 수 있었습니다.

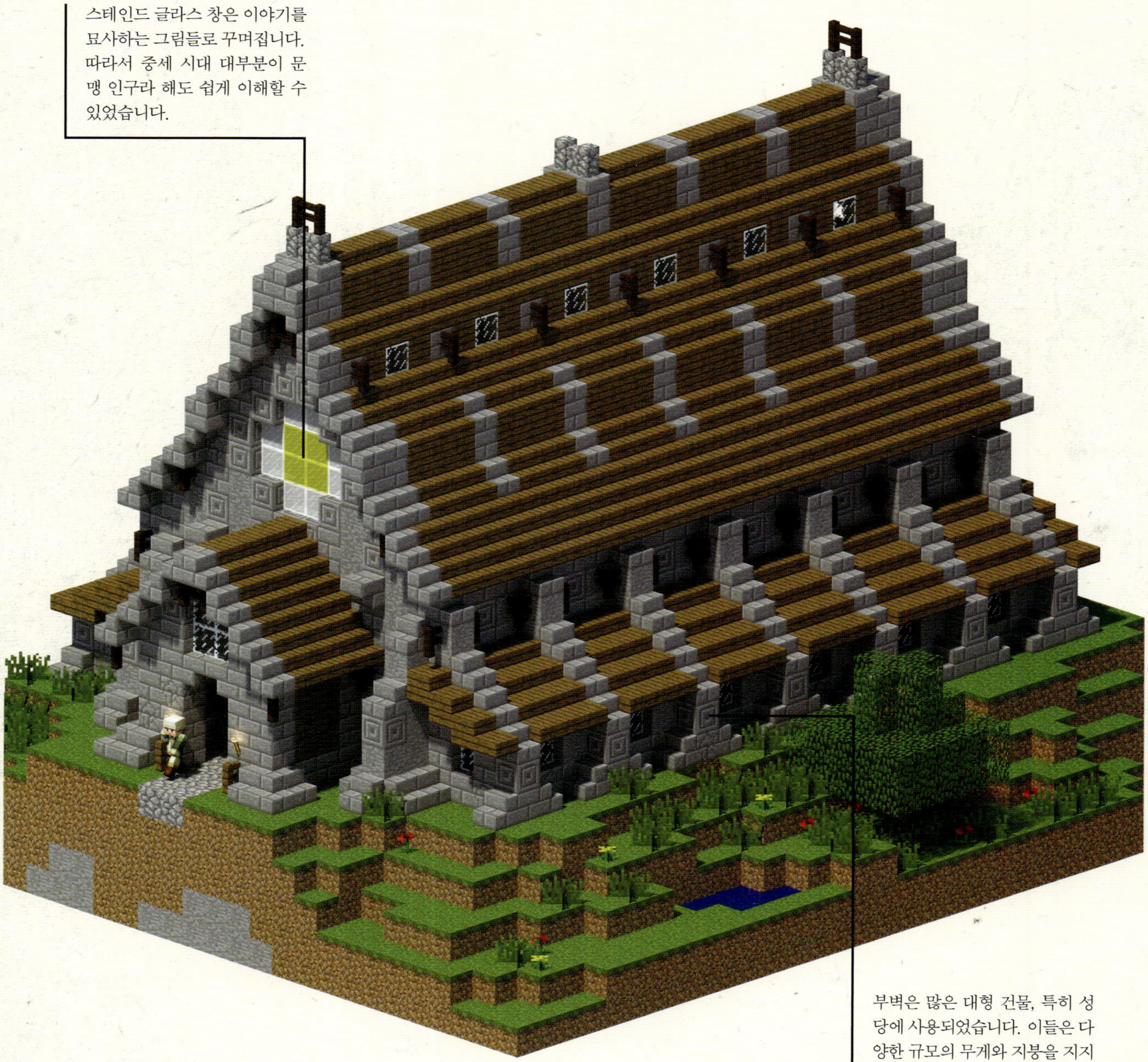

부벽은 많은 대형 건물, 특히 성당에 사용되었습니다. 이들은 다양한 규모의 무게와 지붕을 지지했기 때문에 벽이 혼자 하중을 감당하지 않도록 하는 역할을 했습니다.

건축 설계도

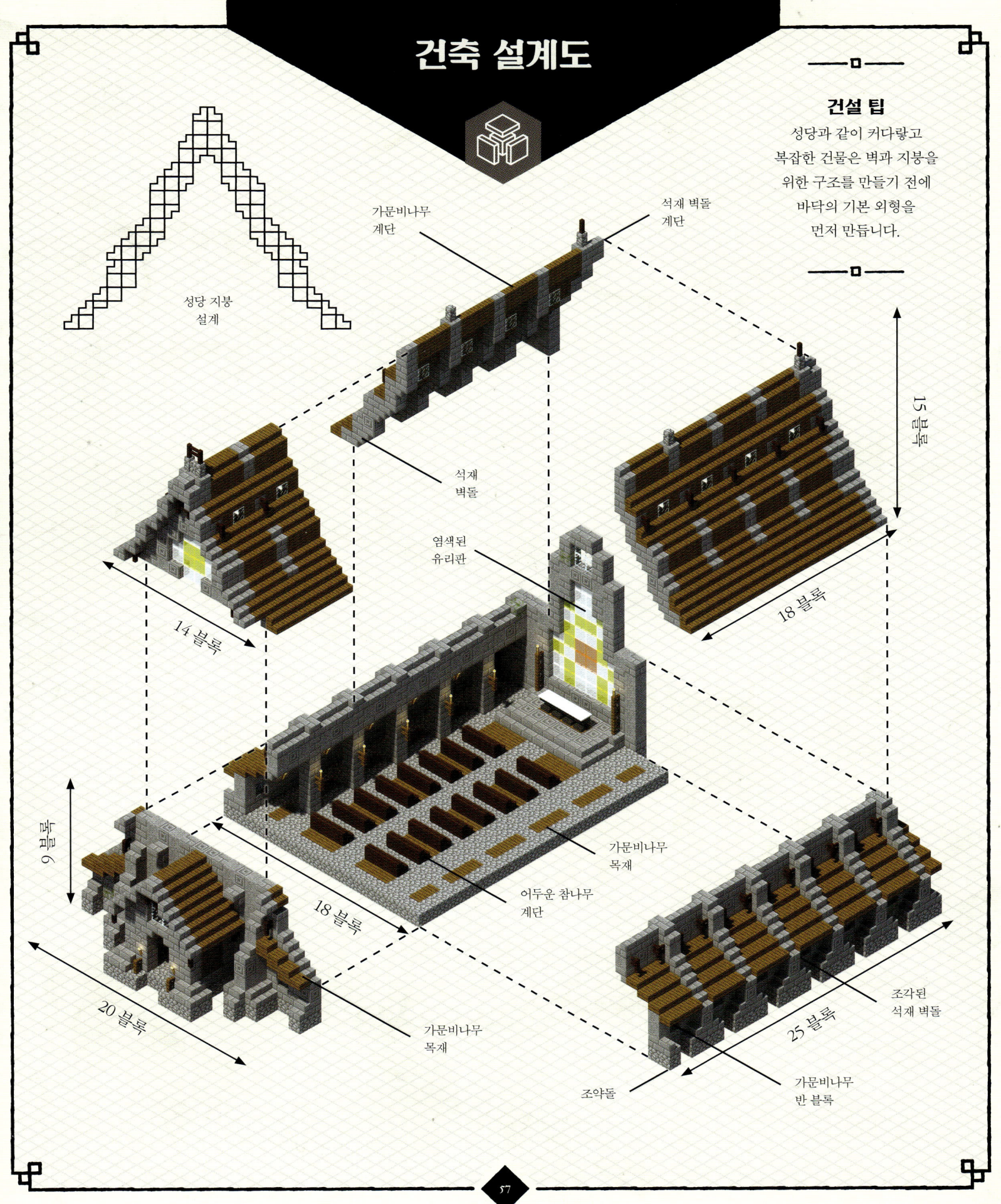

성당 지붕
설계

가문비나무
계단

석재 벽돌
계단

석재
벽돌

염색된
유리판

건설 팁

성당과 같이 커다랗고
복잡한 건물은 벽과 지붕을
위한 구조를 만들기 전에
바닥의 기본 외형을
먼저 만듭니다.

15 블록

18 블록

14 블록

9 블록

18 블록

20 블록

25 블록

가문비나무
목재

어두운 참나무
계단

가문비나무
목재

조각된
석재 벽돌

조약돌

가문비나무
반 블록

응용해 봅시다

방금 여러분은 마을 공동체의 중심이자 모든 종류의 행사를 총괄하는 미사가 시작되는 성당을 만들었습니다.
여러분의 교회가 성장하는 모습을 제대로 보여줄 수 있도록 아래와 같은 요소들을 추가하고 응용해 보세요.

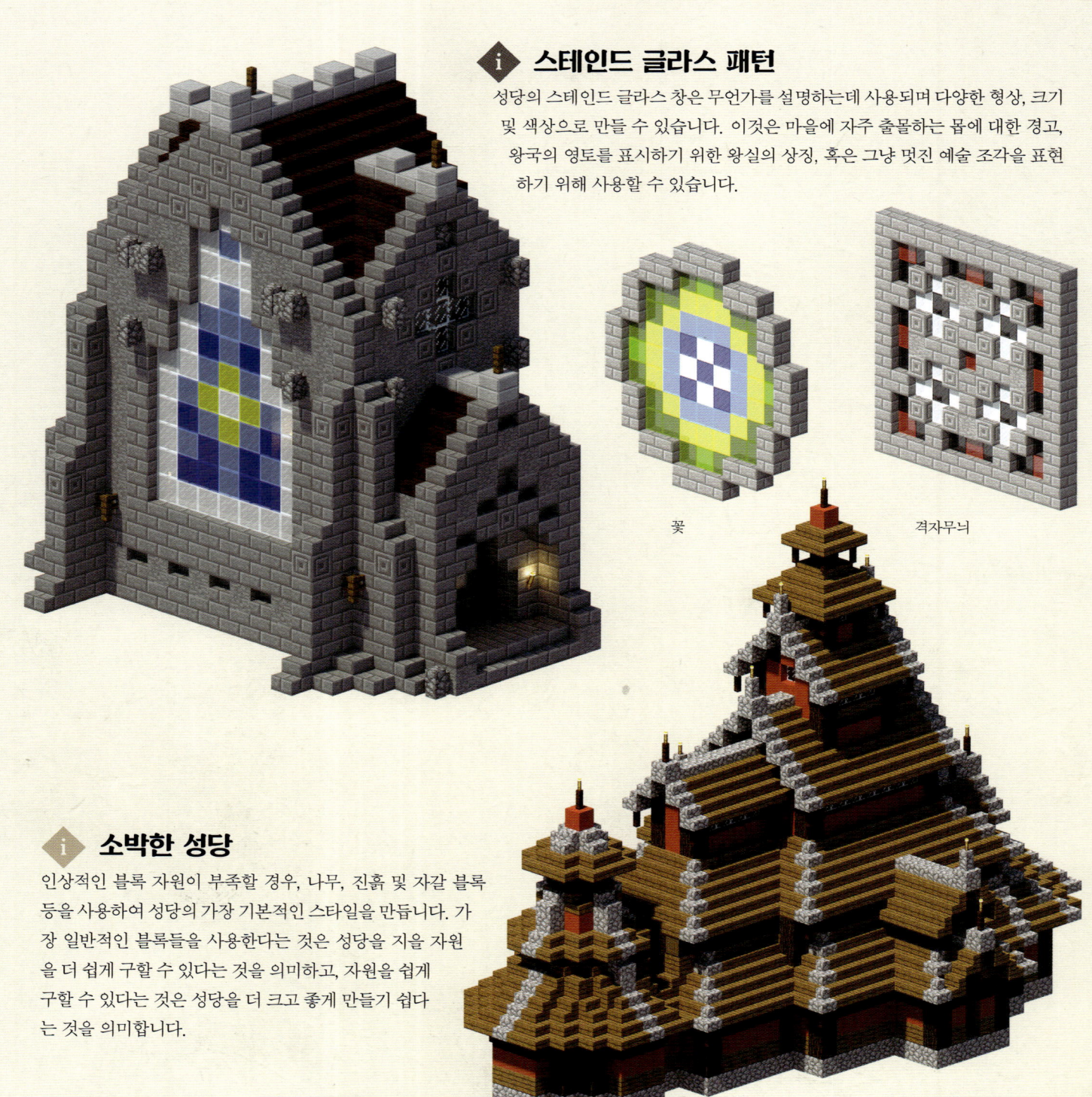

ⓘ 스테인드 글라스 패턴

성당의 스테인드 글라스 창은 무언가를 설명하는데 사용되며 다양한 형상, 크기
및 색상으로 만들 수 있습니다. 이것은 마을에 자주 출몰하는 몹에 대한 경고,
왕국의 영토를 표시하기 위한 왕실의 상징, 혹은 그냥 멋진 예술 조각을 표현
하기 위해 사용할 수 있습니다.

꽃   격자무늬

ⓘ 소박한 성당

인상적인 블록 자원이 부족할 경우, 나무, 진흙 및 자갈 블록
등을 사용하여 성당의 가장 기본적인 스타일을 만듭니다. 가
장 일반적인 블록들을 사용한다는 것은 성당을 지을 자원
을 더 쉽게 구할 수 있다는 것을 의미하고, 자원을 쉽게
구할 수 있다는 것은 성당을 더 크고 좋게 만들기 쉽다
는 것을 의미합니다.

ⓘ 종탑

성당에는 사람들을 불러 모으거나, 하루 중 시간을 알리거나, 마을 사람들에게 경보를 울리는
데 사용할 수 있는 종탑이 필요합니다. 멀리 떨어진 사람들도 종소리를 들을 수 있도록 성당의
종탑을 가능한 높게 지으세요.

성채에서 사용되었던 총안 장식 또한 성당을 건설할
때 사용할 수 있습니다.

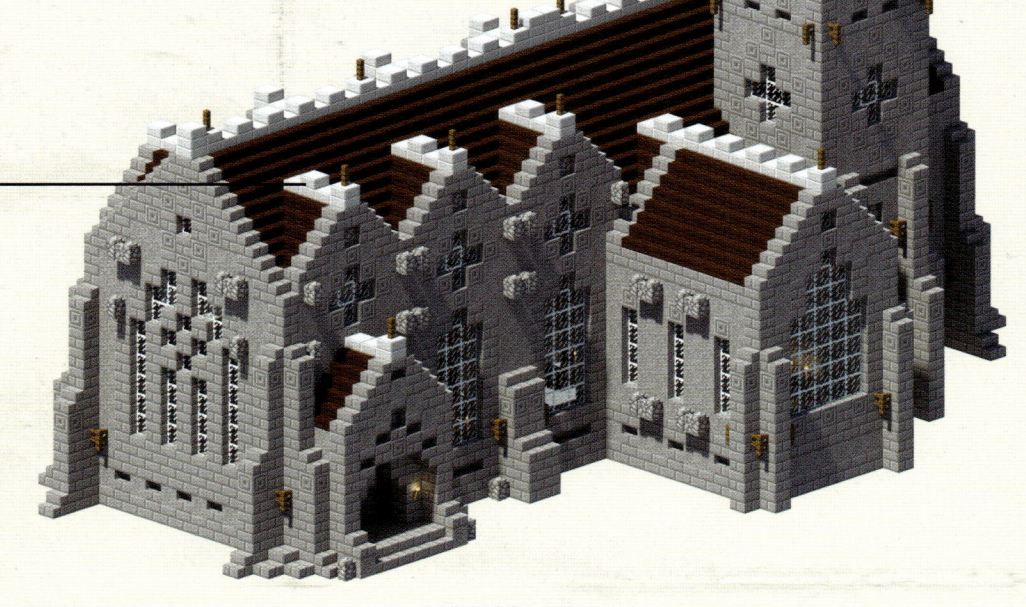

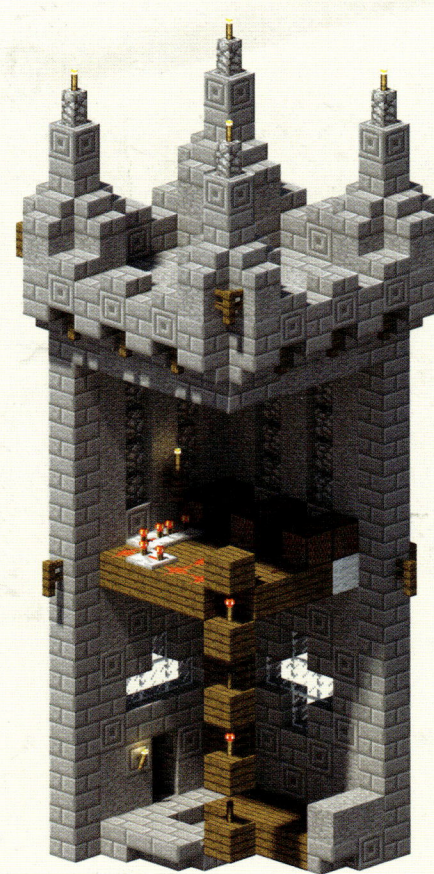

ⓘ 노트 블록 종

종을 작동시키는 시스템은 탑 내에 노트 블록을 사용하여 만들 수 있습니다. 노트 블록이 내는 소리는
노트 블록이 놓여진 블록의 종류에 따라 달라집니다. 흙 블록을 사용하면 피아노 소리가 나기 때문에,
여러분이 알고 있는 종소리에 가장 가까운 소리를 얻을 수 있습니다. 노트 블록 소리의 높낮이는 흙 블
록과 상호 작용으로 달라질 수 있습니다.

레드스톤

레드스톤
중계기

노트 블록

ⓘ 노트 블록 종 시스템

성당의 종을 위한 회로는 매우 단순하므로 엄청난 자원을 필
요로 하지 않습니다. 그 예로 노트 블록들이 시간 차를 가지고
소리를 내도록 설정된 중계기를 가진 3쌍의 노트 블록이 오른
편에 있습니다. 이것은 수많은 다른 노트 블록들로 확장할 수
도 있는데, 다만 조금 시끄러울 수 있습니다.

레드스톤 횃불

마무리 손질

이제 여러분의 백성들이 생활, 무역 및 사회 활동을 할 수 있는 완벽한 마을을 가지게 되었습니다.
이제 고향처럼 편안함을 느낄 수 있도록 몇 가지 기능을 추가할 시간이 되었습니다. 장식을 위한 기능인데,
간단한 요소 몇 개만으로 여러분만의 중세 마을 느낌을 만들어 줄 것입니다.

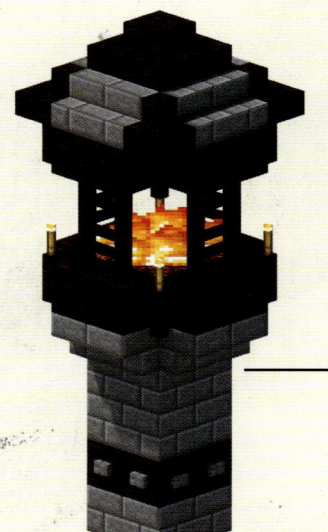

신호기

다른 마을이나 주둔지에 신호를 보내는데 사용하는 중세 신호기를 만들기 위해 네더랙을 사용하여 불타는 기둥을 만듭니다. 이들은 밤거리의 조명인 가로등 기둥으로 용도를 변경하거나, 바다의 선원들이 육지를 찾을 수 있도록 항구의 등대로 만들 수도 있습니다.

먼 거리에서 눈에 잘 띄도록 색이 대비되는
블록을 사용합니다.

깃발

깃발은 왕국의 영토를 표시하는데 사용하기 때문에, 마을이나 성에 높이 휘날려 어느 왕국 소속인지를 나타냅니다. 깃발은 염색한 양털 블록과 나무 블록을 가지고 만들 수 있습니다.

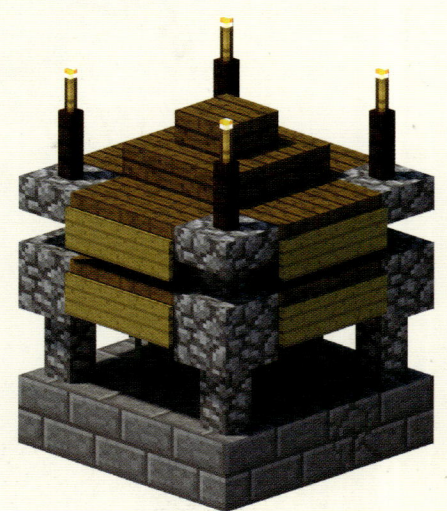

게시판

마을 사람들은 나무 계단이나 조약돌 블록과 반 블록으로 만들어진 게시판을 통해 나라의 모든 행사와 최신 뉴스를 접할 수 있습니다. 대중에게 발표하고자 하는 바가 있거나, 지역 사회에 중요한 소식을 알려야 할 사람들이 내용을 추가할 수도 있습니다.

카트의 전면에 있는 울타리에 말을 걸도록 만들 수 있습니다.

카트

마을의 농촌 분위기를 내기 위한 장식으로 나무 카트를 만들 수 있습니다. 함정문, 표지판, 울타리와 건초더미를 사용하여 만듭니다. 돌아다니는 동물들을 묶어두거나 곡물을 저장하는데 사용할 수도 있습니다.

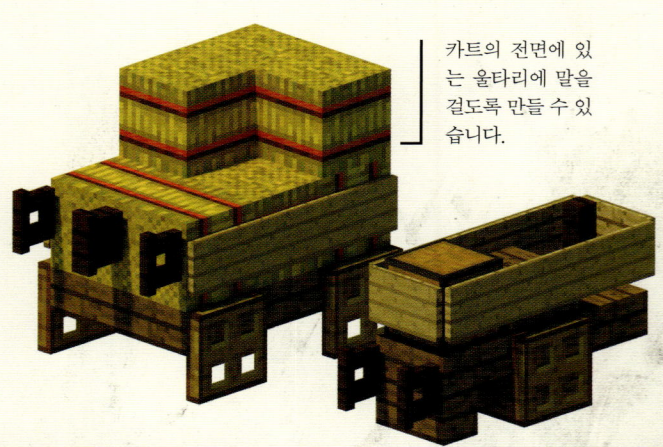

창고

마을 사람들은 마을을 위한 도구나 자원을 공유하기 위해 창고를 사용할 수 있습니다. 여기에는 나무를 베기 위한 도끼, 각종 제작에 사용되는 광물에서부터 왕국의 군대가 그들을 도우러 도착하기 전까지 적의 공격을 막아낼 무기도 들어 있습니다.

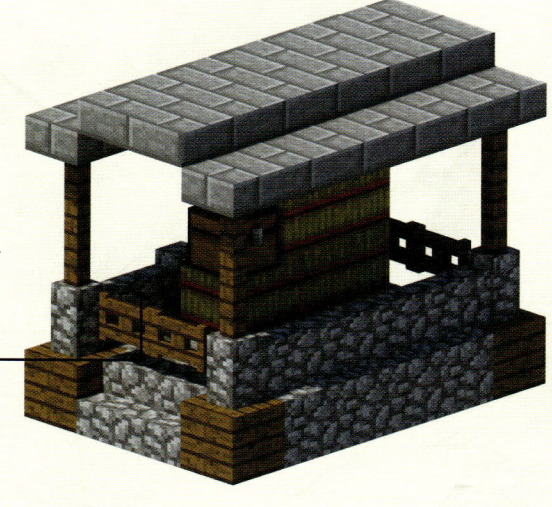

문은 밖에서 서성이던 몹이 안으로 들어오는
것을 방지합니다.

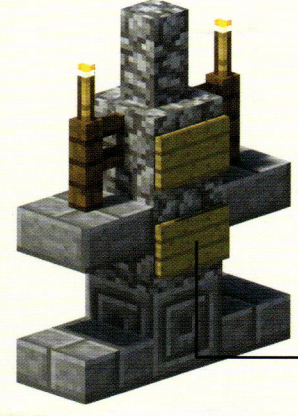

간판

왕국은 거대한 영토이기 때문에 마을 사람들이 주위에서 쉽게 길을 찾을 수 있어야 합니다. 길과 교차로를 따라 놓은 팻말로 마을이나 그 너머의 주요 시설로 가는 길을 가리킬 수 있습니다.

아이템 액자는 팻말 대신 사용될 수 있습니다.
예를 들어, 아이템 액자에 그려진 칼 그림은 병영으로 가는 길을 나타냅니다.

초소

마을은 성처럼 튼튼하지는 않더라도, 백성들을 계속 보호해야 합니다. 마을 인근의 초소에 주둔한 병사들은 임박한 적의 위협을 발견하고 위험으로부터 마을 사람들을 지킬 수 있습니다.

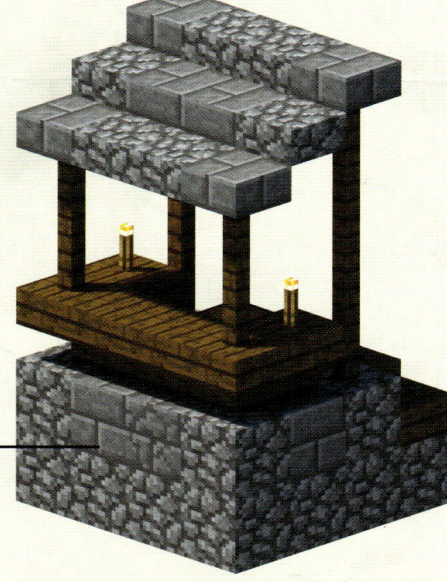

군대는 서로 다른 영지를 보호하는 임무를
가진 부대 단위 집단인 수비대로 나뉩니다.

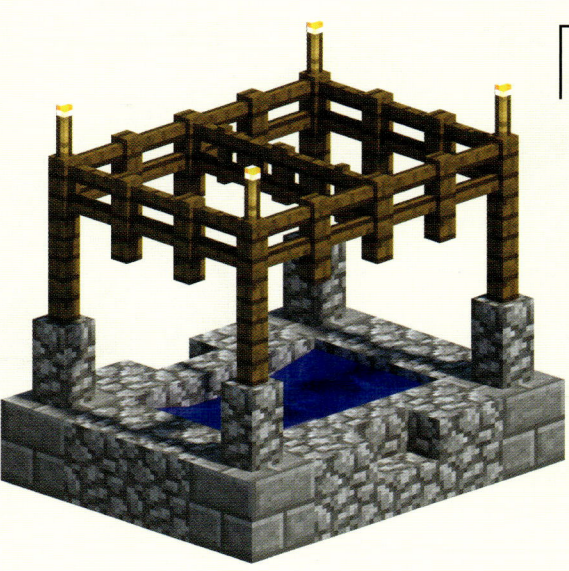

우물

물은 모든 마을에 필요하기 때문에, 우물과 같은 물 자원은 매우 중요합니다. 주민들은 안전한 왕국의 영지를 떠나지 않더라도, 불을 끄기 위해 물 양동이를 채우거나 농작물에 물을 대고, 가마솥을 채울 수 있습니다. 자갈로 만든 웅덩이에 물 소스 블록을 놓아 우물을 만들 수 있습니다.

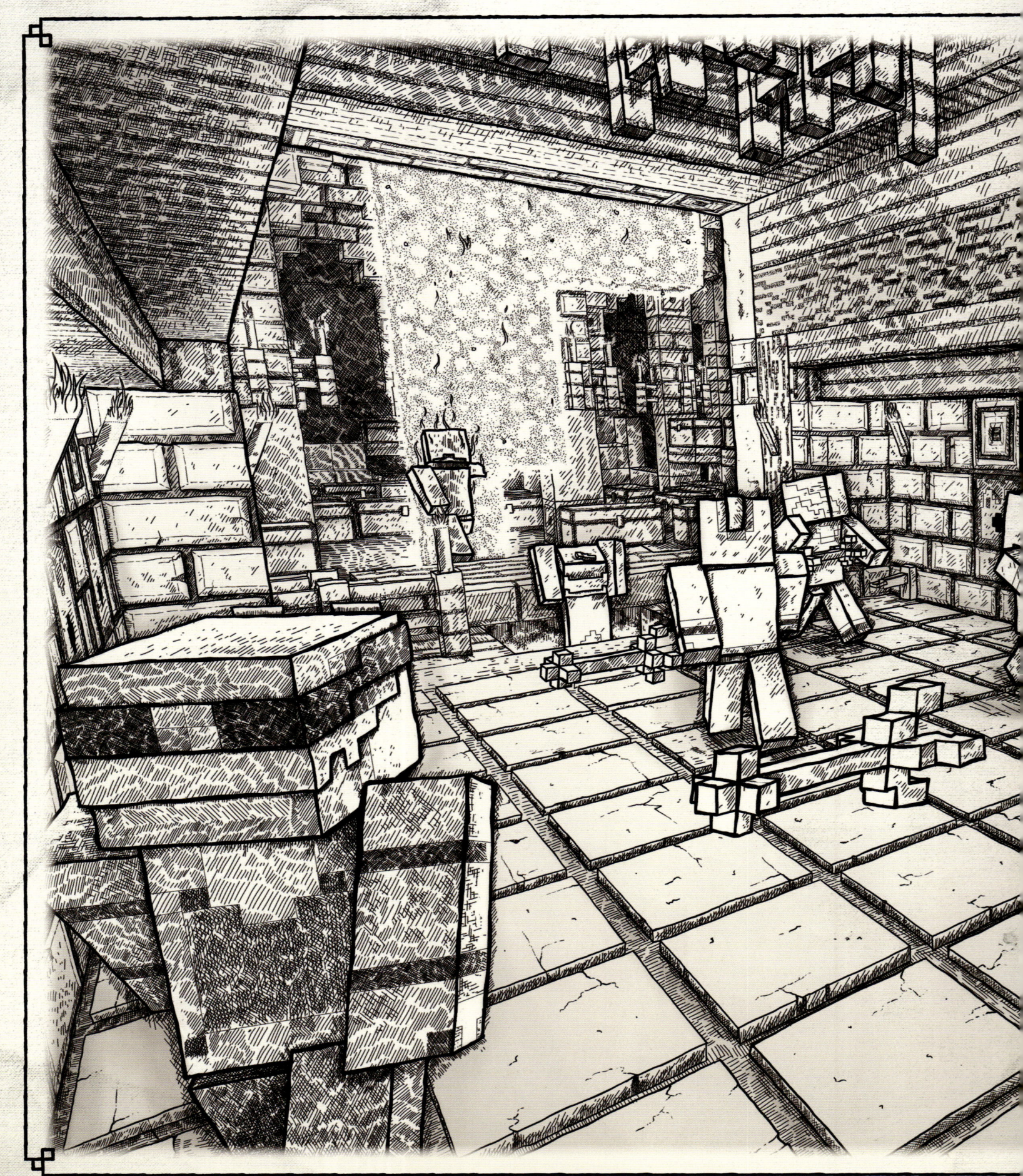

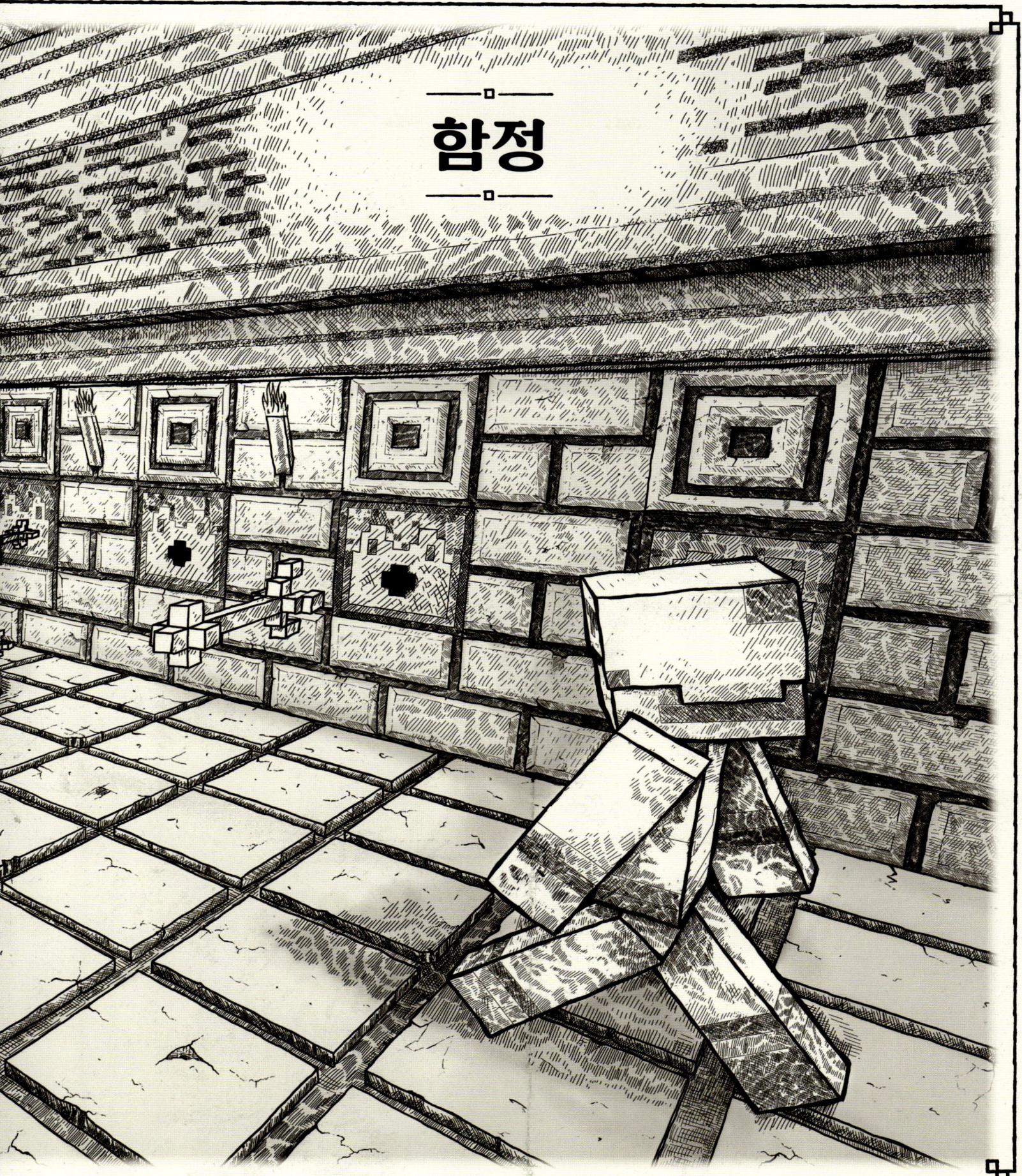

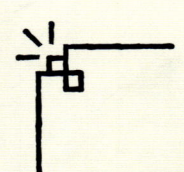

용암 함정

🕐 2시간　❶ ❷ ⬡⬡　쉬운 난이도

성에는 왕국의 재물에 손을 대려는 침략자들을 막기 위한 많은 함정들이 있는데, 대부분의 함정이 주로 외부에 배치되어 있습니다. 하지만 마인크래프트에서는 성 안에도 함정을 만들 수 있습니다.

이 용암 함정은 마치 전리품으로 가득 찬 상자인 것처럼 적을 속여서, 절대 빠져나올 수 없는 거대한 용암 구덩이에 떨어뜨립니다. 여러분은 이 함정을 성의 어느 곳에라도 설치할 수 있습니다.

용암 함정과 유사하게, 중세 시대에는 불 또는 끓는 물이나 열을 이용한 다양한 무기와 방어 도구가 있었습니다. 이러한 것들을 흔히 '열 무기'라고 합니다.

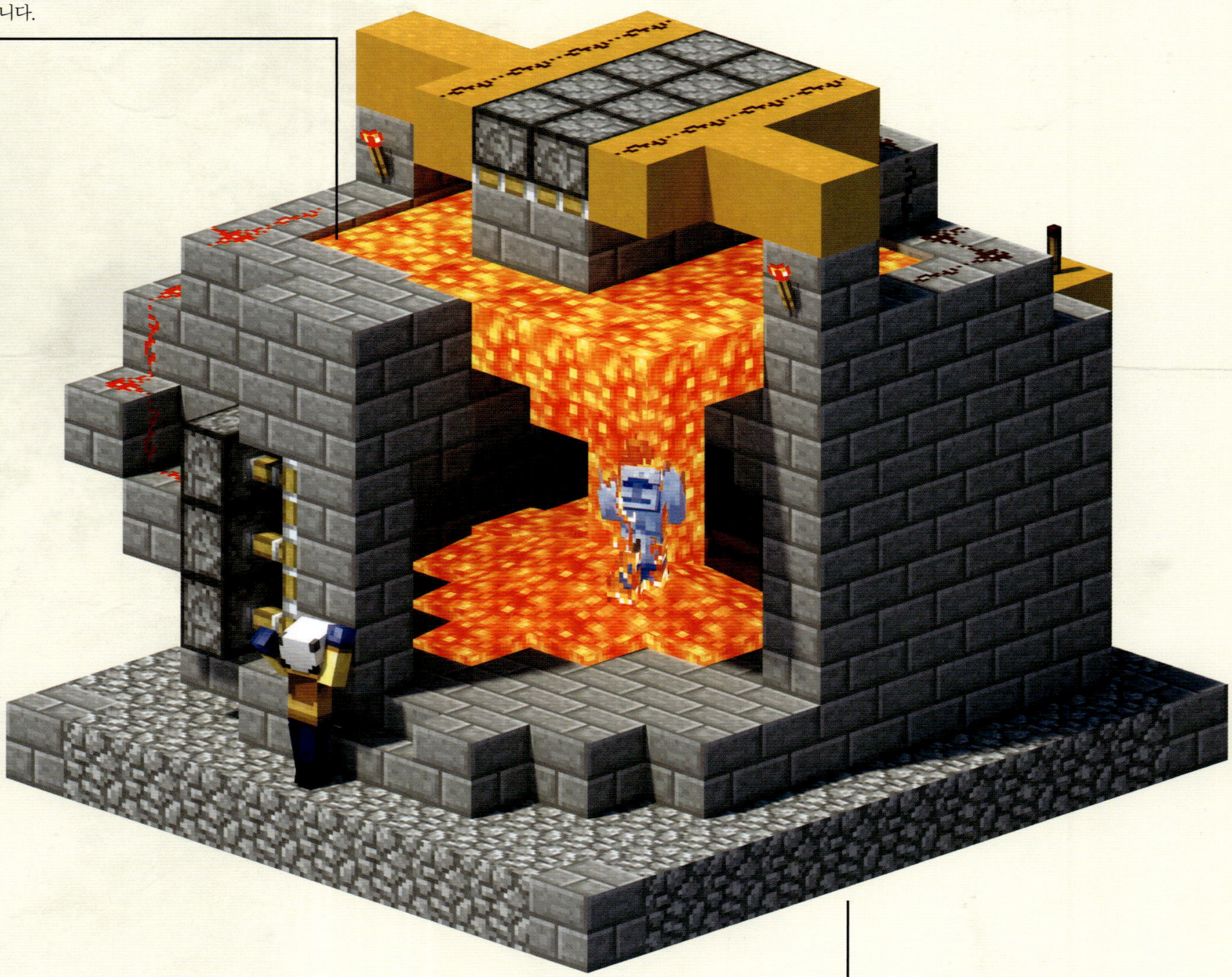

'그리스 불'은 침략자들이 육지에 오르지 못하도록 바다에서 사용되는 열 무기였습니다. 인화성 물질을 바다에 붓고 수면에 불을 놓으면 여기에 닿은 모든 배들은 불타 버렸습니다.

64

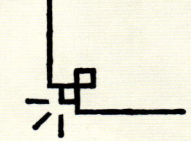

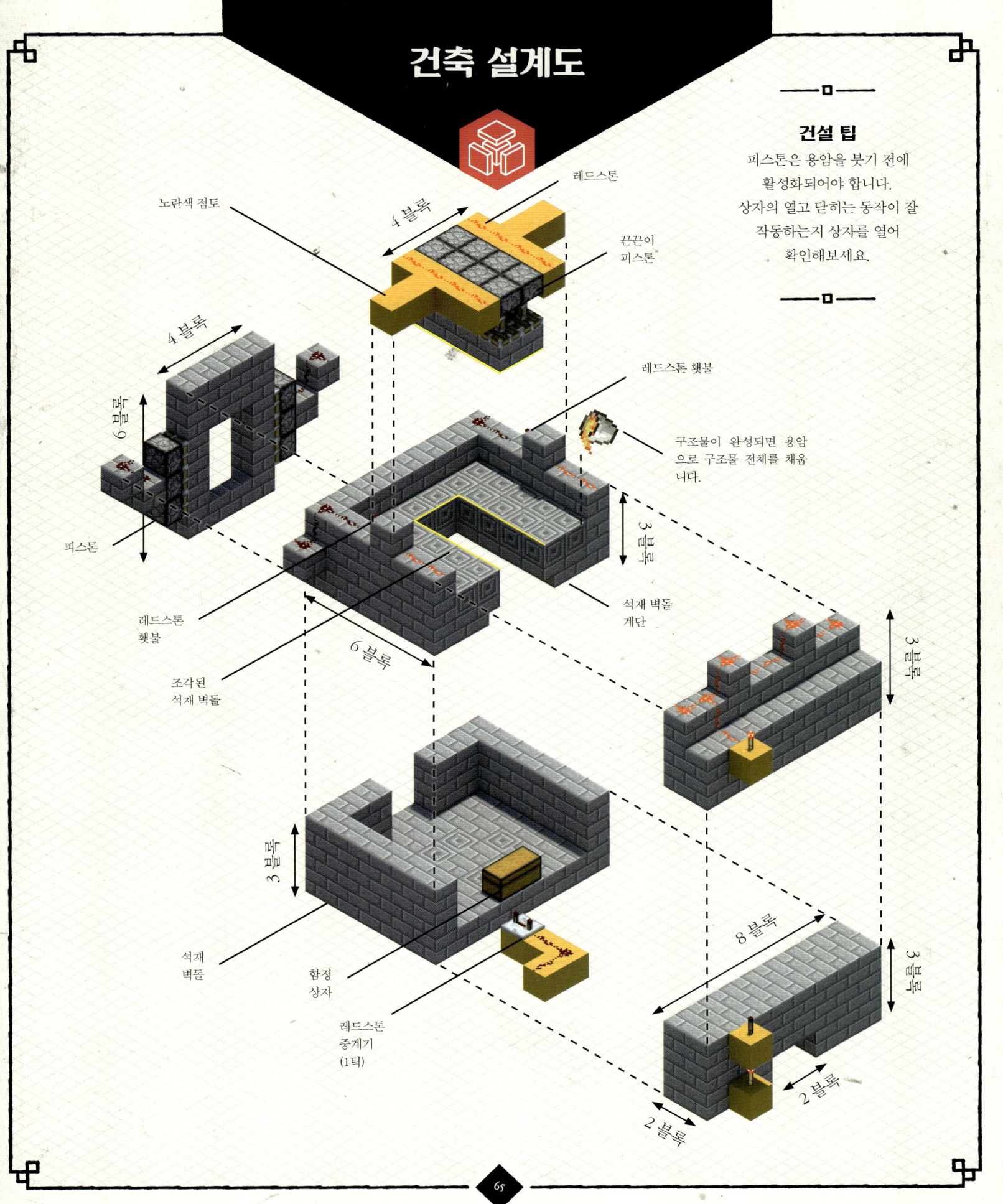

건설 팁

피스톤은 용암을 붓기 전에
활성화되어야 합니다.
상자의 열고 닫히는 동작이 잘
작동하는지 상자를 열어
확인해보세요.

레드스톤

노란색 점토

4 블록

끈끈이
피스톤

4 블록

6 블록

레드스톤 횃불

구조물이 완성되면 용암
으로 구조물 전체를 채웁
니다.

피스톤

3 블록

레드스톤
횃불

석재 벽돌
계단

조각된
석재 벽돌

6 블록

3 블록

3 블록

석재
벽돌

함정
상자

레드스톤
중계기
(1틱)

8 블록

3 블록

2 블록

2 블록

제대로 이해하기

용암 함정은 용암을 쏟아 부으면서 문이 닫히도록 하기 위해 레드스톤 회로를 사용합니다.
함정은 동시에 두 가지 동작을 실행하는 레드스톤 회로를 사용하는데, 탐욕스러운 침략자를 유혹하기 위해
영리하게도 상자를 이용합니다. 아래의 안내에 따라 여러분의 첫 번째 함정을 만들어 보세요.

1 레드스톤 배치

레드스톤 회로는 두 개의 영역으로 분할됩니다. 첫 번째 부분은
용암을 쏟아붓는 기능을 제어하고, 두번째 부분은 출입구를 제어
합니다. 첫 번째 부분은 하나의 벽돌 블록에 의해, 두 번째로부터
분리되어 측면에 있는 레드스톤 햇불로 전류가 흐르도록 연결됩
니다. 일단 레드스톤 회로가 완성되면 첫 번째 부분에는 전류가
흐르지만, 두 번째 부분은 그 사이에 있는 블록 때문에 어떤 전류
도 흐르지 않을 것입니다.

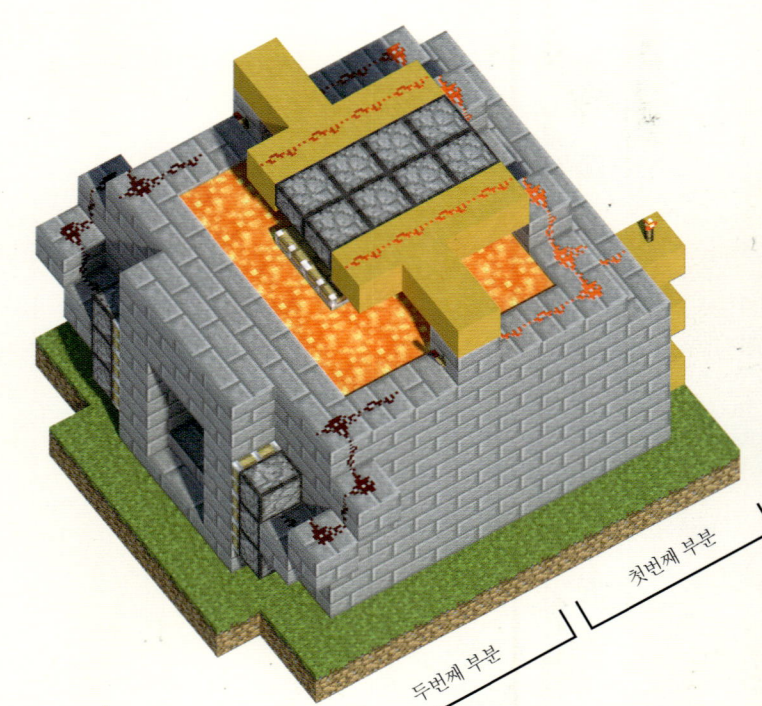

용암 근처에는 나무나 양털과 같은
인화성 블록을 사용하지 마세요.

첫번째 부분

두번째 부분

2 수직 회로

함정 상자가 열리면, 전류를 증폭하고 회로를 따라
전류가 흐르도록 하는 레드스톤 중계기에 약간의 레
드스톤 전류를 보냅니다. 전류가 첫 번째 레드스톤
햇불이 있는 블록에 다다르면, 연속된 레드스톤 햇
불에 의해 회로는 수직으로 이동합니다.
햇불을 하나 건너 배치하는 이 회로는 높이에 따라,
수직으로 전류를 흘려야 하는 모든 곳에서 사용할
수 있습니다.

중계기의 화살표가 다음 블록에 있는 레드스톤 쪽으로 향하도록 해야 합니다.

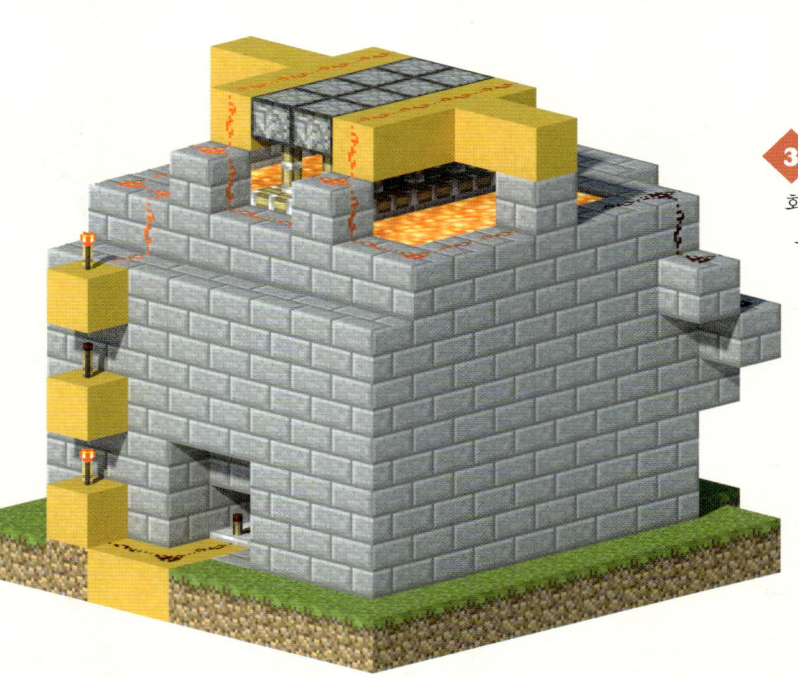

3️⃣ 용암 분출

회로의 첫 번째 부분은 돌 반 블록에 의해 받쳐져 용암들을 지지하고 있는 일련의 끈끈이 피스톤에 전원을 공급합니다. 함정이 발동되면, 회로의 첫 번째 부분 전원의 스위치가 꺼져 끈끈이 피스톤의 팔들이 오므라들어 용암들이 쏟아집니다.

4️⃣ 앞 부분

전기 회로의 두 번째 부분은 방의 꼭대기를 따라, 벽돌 블록의 중간 피스톤 측면까지 아래쪽으로 전달되고 있습니다. 이것은 양 측면에 배치된 피스톤들에 전원을 공급합니다. 첫 번째 부분에 전원이 중단되고, 돌 반 블록 사이의 레드스톤 횃불에 전원이 들어오면 회로의 두 번째 부분에 전류가 흐르게 됩니다.

회로의 중간에 있는 레드스톤 횃불은 전면에 있는 문을 바라봐야 합니다.

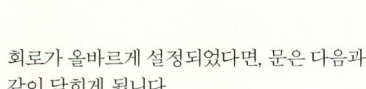

회로가 올바르게 설정되었다면, 문은 다음과 같이 닫히게 됩니다.

5️⃣ 문 작동

회로의 두 번째 부분에 전류가 흐르면 피스톤이 돌 반 블록들을 밀어 출입구를 봉쇄합니다. 이 블록들은 상자가 닫혀도 그대로일 것이기 때문에 아무도 빠져나갈 수 없습니다. 용암은 잠시 후 사라지겠지만 적들의 체력을 모두 고갈시키기에는 충분합니다.

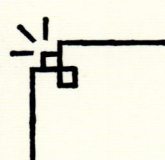

숨겨진 함정

🕐 1시간 반 ① ② ③ ④ 쉬운 난이도

병력이 얼마 되지 않는 상태에서 적들에게 성이 포위되면 방어하기 매우 어려울 수 있습니다.
여러분이 모든 출입구를 막을 수 없을 때를 대비하여, 대신 함정을 놓는 방법이 있습니다.
몇 개의 깊은 구덩이에 끈끈이 피스톤들과 간단한 철사 덫 방식을 사용하여 겁없이 여러분의 요새에 침입한
적들, 동물들, 화가 난 스켈레톤 같은 침입자들을 잡거나 죽일 수 있습니다.

'투델루(trou-de-loup)'는 숨겨진 함정과 유사한 원리로 구덩이를 숨기는 중세의 함정이었습니다. 구덩이 안에 날카로운 나무 창들을 놓고 은폐하여 함정에 걸린 사람들의 발을 푹 찌르도록 만든 것입니다.

피스톤은 10세기 무렵 무기에 사용되었습니다. 중국에서는 '분화기(Pen Huo Qi)'라는 두 개의 피스톤으로 작동하는 일종의 화염 방사기를 사용했었습니다.

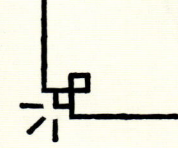

건축 설계도

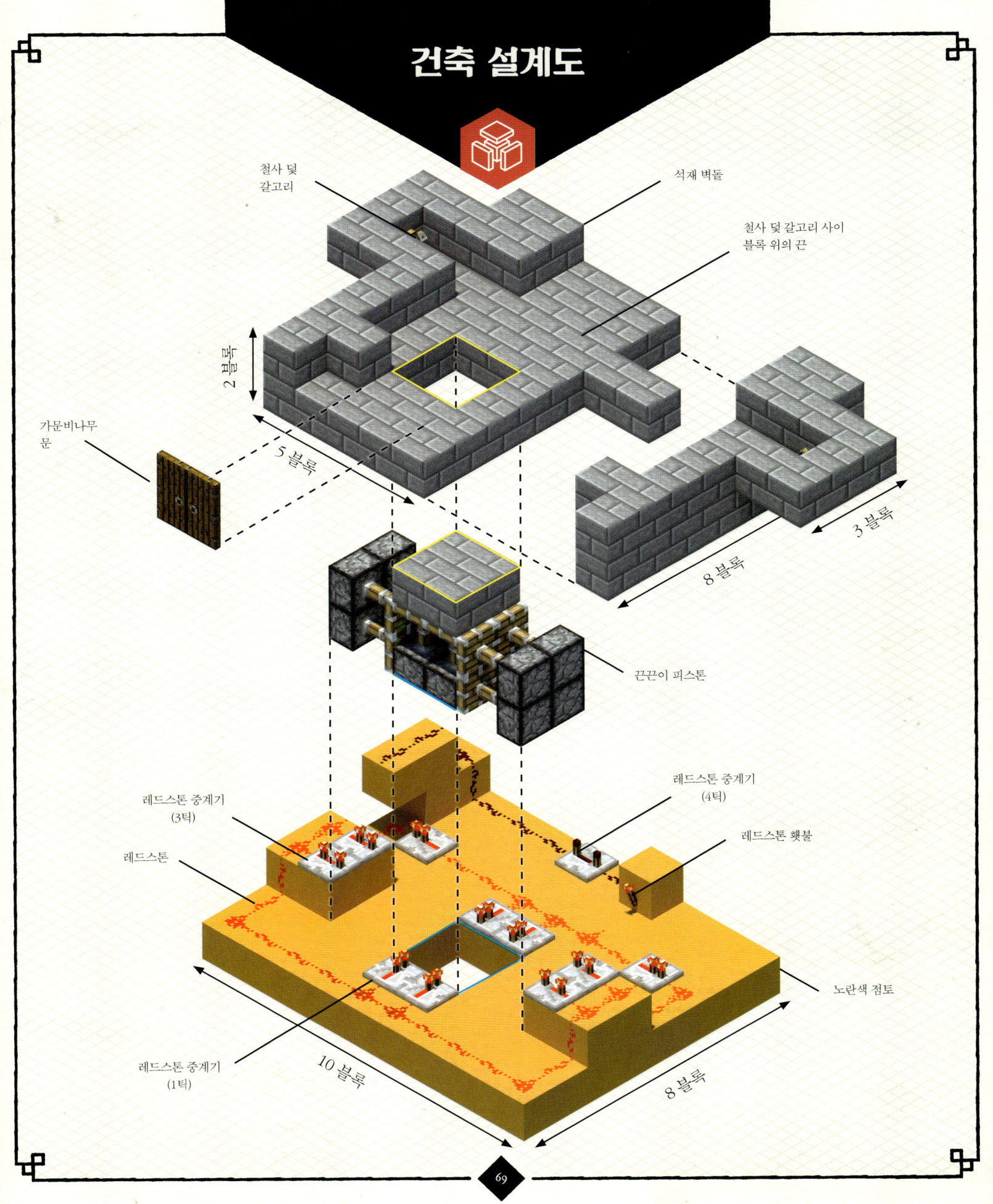

철사 덫
갈고리

석재 벽돌

철사 덫 갈고리 사이
블록 위의 끈

2 블록

가문비나무
문

5 블록

3 블록

8 블록

끈끈이 피스톤

레드스톤 중계기
(4틱)

레드스톤 중계기
(3틱)

레드스톤 햇불

레드스톤

노란색 점토

레드스톤 중계기
(1틱)

10 블록

8 블록

제대로 이해하기

숨겨진 함정은 적절하게 만들기만 한다면 적들에게 치명적이겠지만, 중계기 지연과 연쇄 피스톤 작동을 포함한
서로 다른 메커니즘을 서로 다른 시간에 발동시키는 다소 복잡한 시스템입니다.
다음의 안내를 따라 한다면 여러분의 함정은 적들을 땅속으로 삼켜버릴 준비가 될 것입니다.

끈은 이렇게 배치
합니다.

1 철사 덫 메커니즘

철사 덫 메커니즘은 두 개의 철사 덫 갈고리를 끈으로 이어 구성합
니다. 이 함정에서 갈고리는 좁다란 복도에 깊이 숨겨져 있는 반면,
끈은 살짝 보일 정도로 되어 있습니다. 철사 덫 갈고리가 작동하
면, 전류는 장치의 뒷 부분을 통해 흘러 레드스톤 횃불을 끄고 앞
부분의 회로를 비활성화 시킵니다. 다음 침입자가 똑같이 함정
에 빠지도록, 철사 덫은 그대로 유지됩니다.

철사 덫 갈고리가 붙어있는
블록 사이에 한 블록의 공간
이 있어야 레드스톤을 배치
할 수 있습니다.

레드스톤 횃불은 회로의 앞부분을
향해야 합니다.

2 레드스톤 배치

레드스톤 회로는 두 부분으로 나뉩니다. 앞 부분은 피
스톤을 제어하고, 레드스톤 횃불에 의해 전류가 흐릅니
다. 뒷 부분은 위의 철사 덫으로 연결합니다. 두 부분은
레드스톤을 지탱하는 블록으로 분리됩니다. 레드스톤 횃
불은 동시에 활성화되지 않고, 두 부분 사이의 매개체 역
할을 합니다.

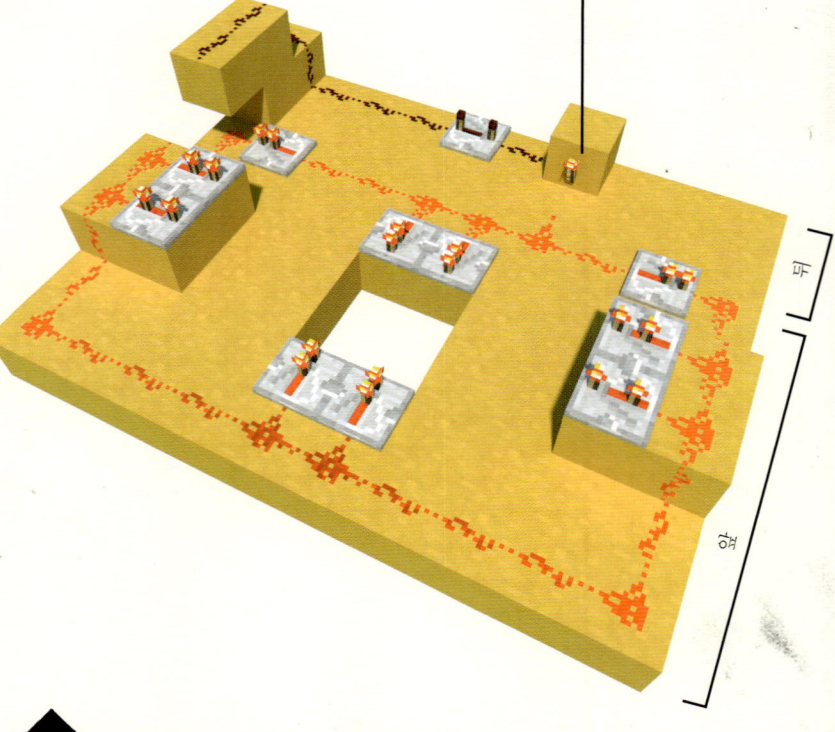

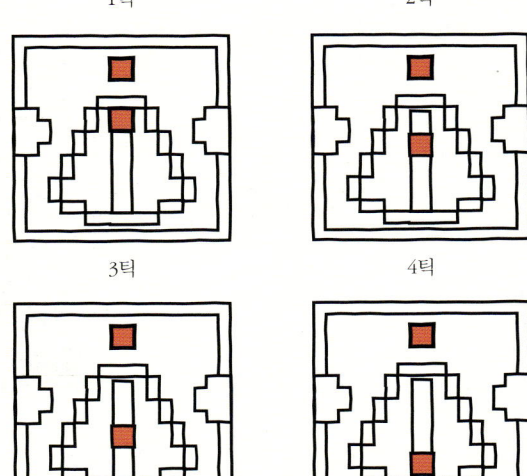

1틱   2틱

3틱   4틱

3   중계기와 틱

레드스톤 중계기들은 회로에서 레드스톤 신호를 지연하도록 설정될 수 있습니다. 첫 번째 배치된 중계기들은 1틱 지연으로 설정합니다. 중계기들의 설정으로 레드스톤 신호를 4틱까지 지연할 수 있습니다. 회로에서 중계기들은 시간 차를 두고 비활성화되거나, 다양한 메커니즘으로 전류를 지연시켜 더 복잡한 피스톤 시스템을 가능하게 합니다.

4   피스톤 배열

침입자가 함정을 건드리면, 함정의 앞 부분으로 흐르는 전류가 중단되고 피스톤은 오므라듭니다. 회로에서 중계기의 지연은 먼저 피스톤이 오므라들어, 양 옆의 아래위로 동작하는 피스톤과 나란하게 네 개의 돌 반 블록을 끌어 내립니다. 일단 내려오고 나면, 해당 피스톤은 비활성화되고, 옆으로 움직이게 세워진 피스톤들이 가로로 놓인 피스톤들과 바닥 블록들을 각각 당겨 커다란 구멍을 엽니다. 이 메커니즘을 다시 활성화시키면 반대로 동작하여 바닥의 돌 반 블록들을 원래대로 재배치합니다.

1.   2.   3.

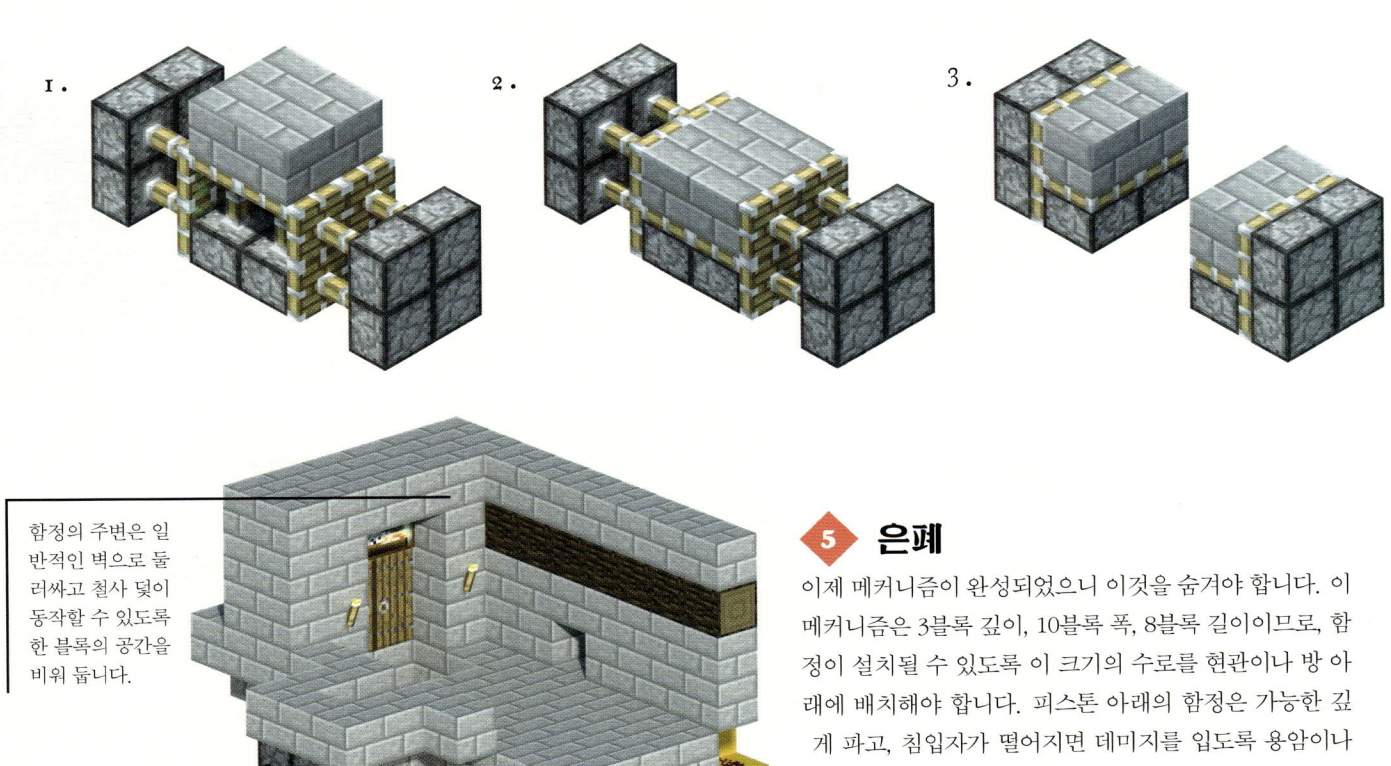

함정의 주변은 일반적인 벽으로 둘러싸고 철사 덫이 동작할 수 있도록 한 블록의 공간을 비워 둡니다.

5   은폐

이제 메커니즘이 완성되었으니 이것을 숨겨야 합니다. 이 메커니즘은 3블록 깊이, 10블록 폭, 8블록 길이이므로, 함정이 설치될 수 있도록 이 크기의 수로를 현관이나 방 아래에 배치해야 합니다. 피스톤 아래의 함정은 가능한 깊게 파고, 침입자가 떨어지면 데미지를 입도록 용암이나 선인장으로 채웁니다.

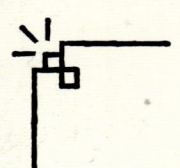

화살 함정

🕐 2시간   ① ② ③ ④   중간 난이도

침입자가 다른 모든 방어 장치들을 통과하고 여러분이 있는 위치까지 가까이 왔다면,
이번에 소개하는 화살 함정이 당신을 구할 지도 모릅니다. 이 함정은 여러분 성의 벽 어디에나 설치해서
복도를 서성이는 적이나 모든 움직이는 것들에게 빗발치는 화살 비를 퍼붓습니다.

중세의 성에는 '머더홀(murder hole)'
이라 불리는 좁은 복도가 있었습니다.
적이 이 통로에 들어서면 입구가 닫히
고 화살, 뜨거운 모래 그리고 끓는 물
들이 발사됩니다.

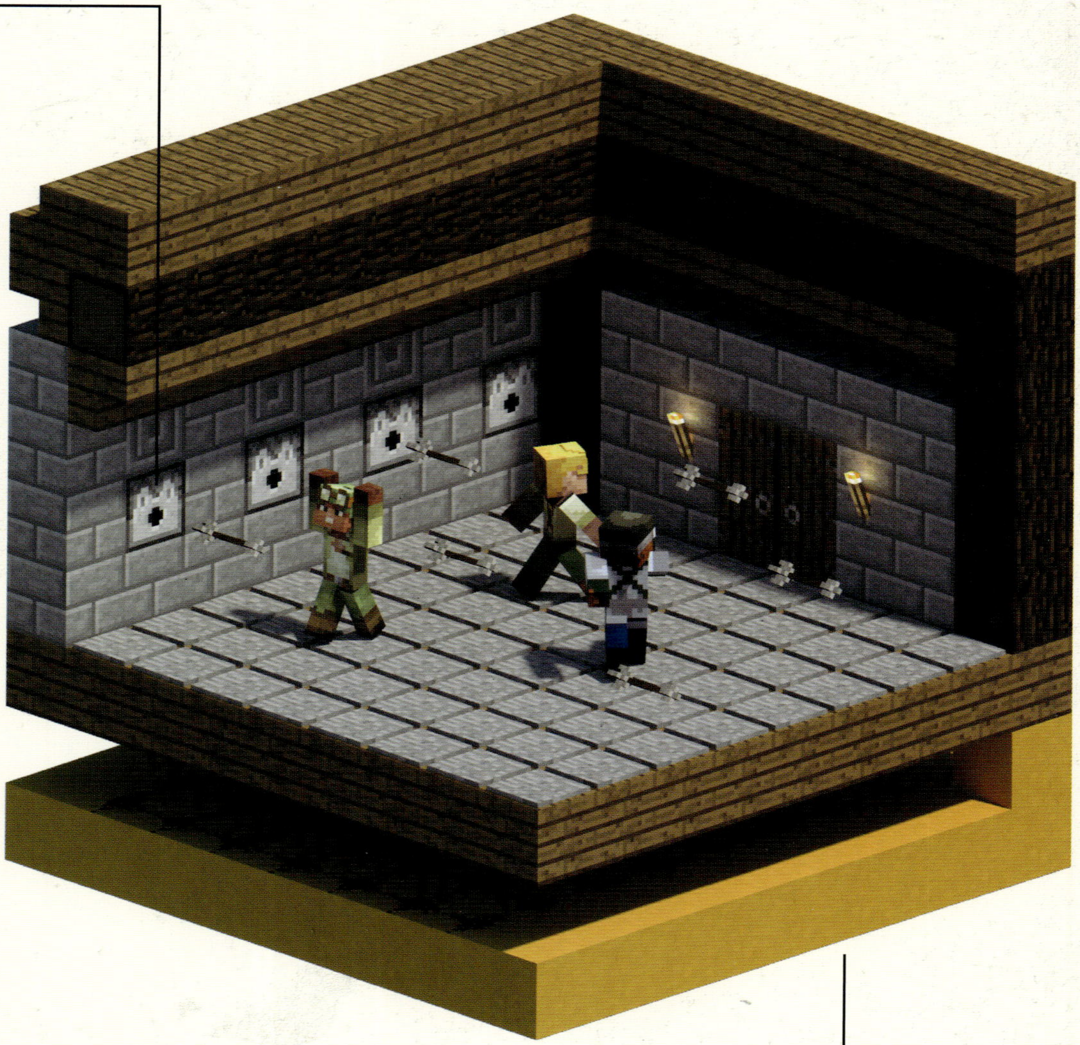

이러한 함정은 외부 출입문이 뚫리고
침입자가 통과할 경우 지나가야 하는
경비초소에서 흔히 볼 수 있습니다.

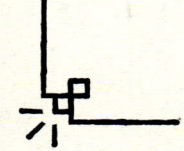

건축 설계도

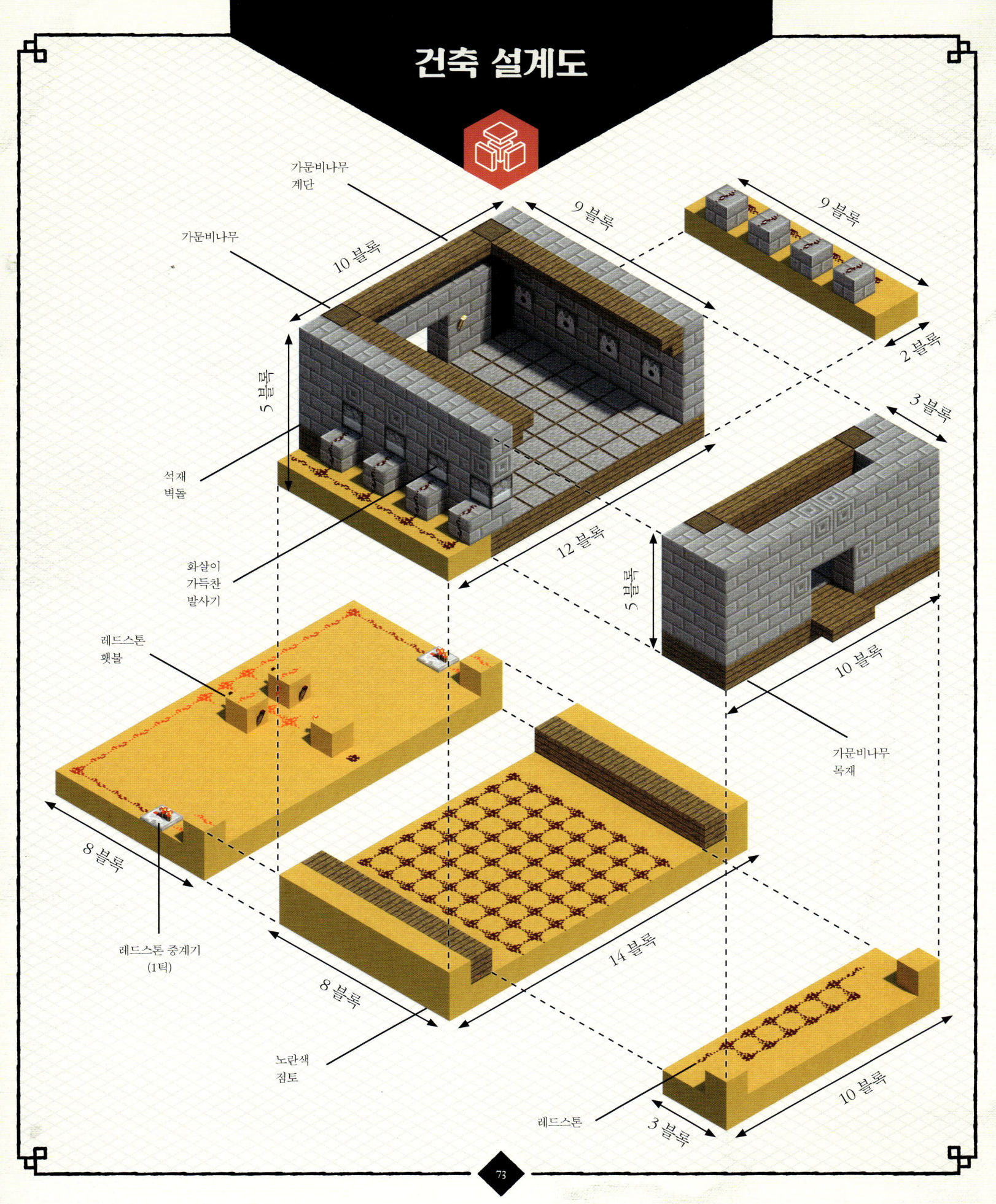

가문비나무
계단

가문비나무

9 블록

10 블록

9 블록

5 블록

2 블록

석재
벽돌

3 블록

화살이
가득찬
발사기

12 블록

5 블록

레드스톤
햇불

10 블록

가문비나무
목재

14 블록

8 블록

노란색
점토

8 블록

레드스톤 중계기
(1틱)

레드스톤

3 블록

10 블록

제대로 이해하기

화살 함정은 레드스톤 회로를 이용하여 여러분의 성에 설치할 수 있는 간단한 함정입니다.
그러나, 적들이 살아남기 어렵도록 넓은 영역에 치명적인 피해를 가할 수 있는 아주 위험한 함정 중 하나입니다.

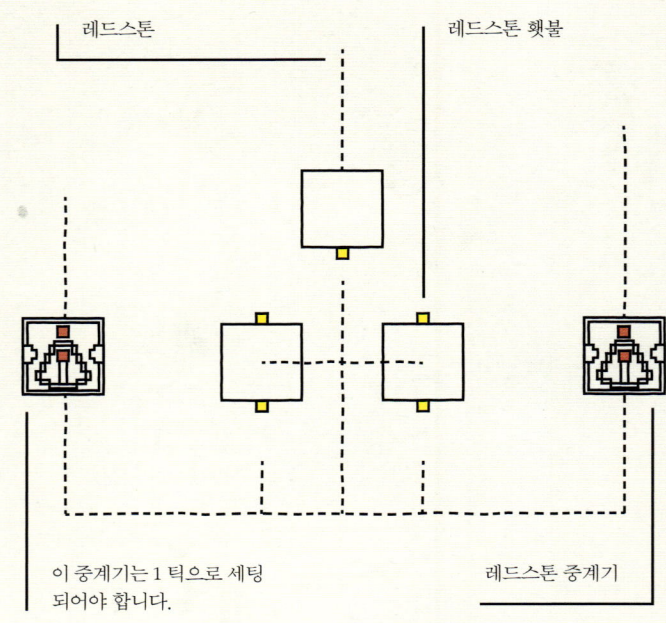

레드스톤   레드스톤 햇불

1 레드스톤 배치

레드스톤은 이 함정에서 아래쪽과 위쪽 이렇게 두 부분으로 나뉘어 집니다. 위쪽 부분은 발사기를 제어하는 반면, 아래쪽 부분은 레드스톤 격자 형태로 구성됩니다. 격자는 위에 있는 돌 감압판과 펄스 회로에 의해 전원이 공급되고, 감압판에 의해 반복적으로 레드스톤 신호를 생성하는 간단한 시스템으로 적들에게 끊임없이 화살 비를 퍼붓습니다.

이 중계기는 1 틱으로 세팅   레드스톤 중계기
되어야 합니다.

바닥의 나무 블록들은 감압판을 더 잘 숨길 수 있도록
돌 블록으로 교체할 수도 있습니다.

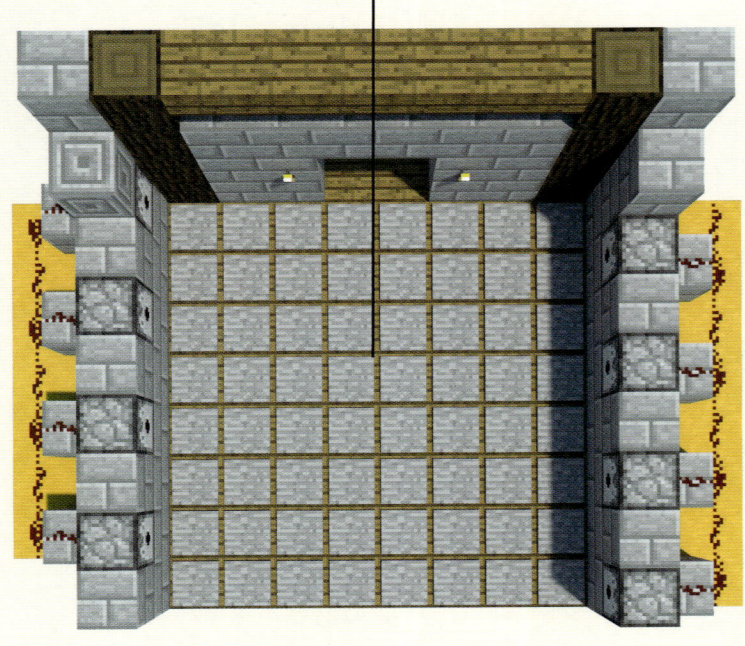

2 발사기 레이아웃

신호가 위쪽 부분에 전달되면, 함정의 양쪽에 있는 4개의 발사기에 순차적으로 전원을 공급하여 방을 가로지르는 화살 비로 가득 채웁니다. 양쪽의 발사기가 서로에게 직접적으로 화살을 발사하지 않도록 엇갈리게 배치되었습니다. 이것은 함정의 모든 블록이 발사기의 공격 범위 안에 있다는 것을 의미합니다. 따라서, 일단 작동을 하게 되면 침략자들은 화살로부터 도망갈 곳이 없게 됩니다.

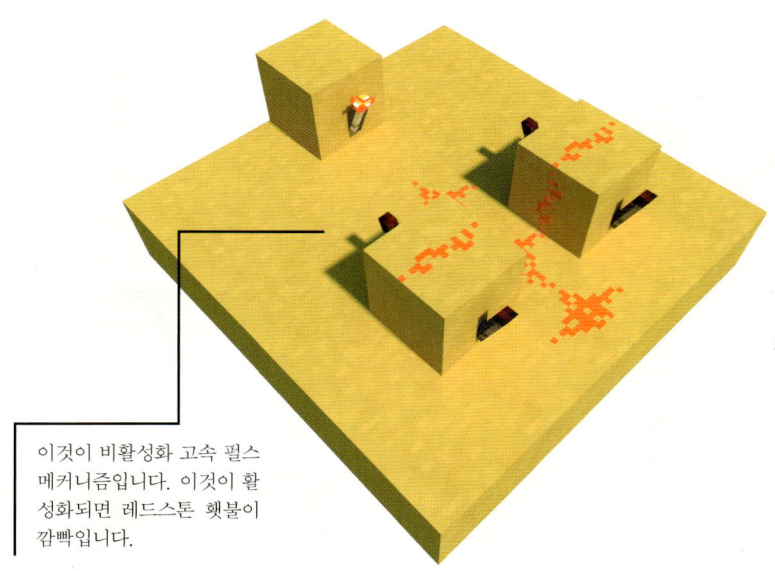

이것이 비활성화 고속 펄스
메커니즘입니다. 이것이 활
성화되면 레드스톤 햇불이
깜빡입니다.

 고속 펄스 메커니즘

이 메커니즘은 레드스톤으로 연결된 두 개의 블록으로 구성되
고, 각 블록의 앞과 뒤로 레드스톤 햇불이 설치됩니다. 감압판
이 눌려지면 신호가 레드스톤 격자를 통해 흐르고 반복적으로
켜졌다 꺼졌다 하는 동작을 하게 되어, 함정의 양쪽에 있는 중계
기를 통해 간헐적인 신호가 위쪽 부분으로 전달됩니다.

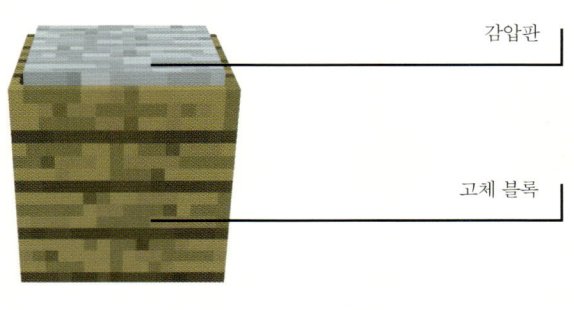

감압판

고체 블록

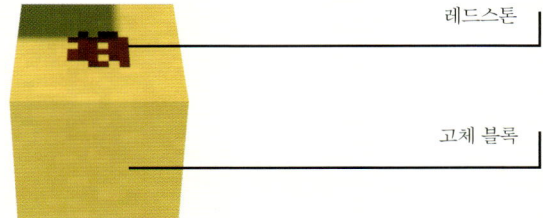

레드스톤

고체 블록

 감압판

화살 함정의 모든 바닥은 감압판으로 덮여 있으며, 각각의 감압
판 밑은 아랫부분의 레드스톤 격자 내에 전용 레드스톤 블록을
가지고 있습니다. 이는 적들이 내딛는 모든 걸음 걸음마다 다시
화살을 발사하게 한다는 것을 의미합니다.

응용

침입자들을 괴롭히려고 작정했다면, 복도를 더욱더 길게 만들 수도 있습니다. 레드스톤 격자는 감압판이 많아질수록, 그리고
위쪽에 배치된 발사기를 추가하면 할수록 계속적으로 필요합니다. 그러나 가장 중요한 점은 레드스톤 신호는 15 블록 이상 전
달될 수 없다는 것입니다. 따라서 네 개의 분할 공간에 각각 매 15 블록마다 중계기를 두어야 합니다. 아래 그림은 놓아야 할 중
계기 중 두개를 보여주고 있으며, 반대 쪽에도 같은 방식으로 추가되어야 합니다. 그림에서 중계기들의 방향에 유의해야 합니
다. 그렇지 않으면 회로가 끊어질 것입니다.

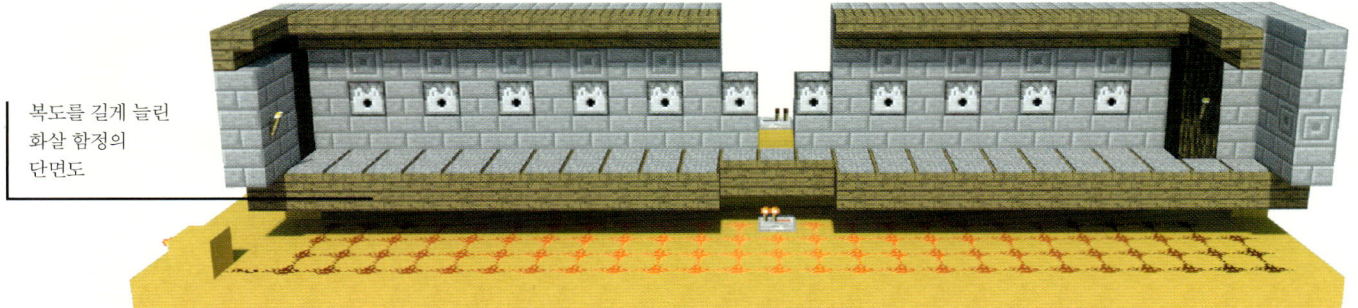

복도를 길게 늘린
화살 함정의
단면도

화살 투석기

모든 함정이 여러분의 성내에 있어야 하는 것은 아닙니다.
여러분의 방어망에 접근하기 전에 적들을 공격하기 위해 화살 투석기는 완벽한 함정이 될 수 있습니다.
몇 개의 발사기와 TNT 그리고 슬라임 블록들로 지평선 너머로 보이는 적들의 머리위로 화살을 퍼부을 수 있습니다.

나무로 둘러싸인 지형에서는 화살을 발사하기 전에 화살의 끝에 기름을 묻혀 적들을 쉽게 불태울 수 있습니다.

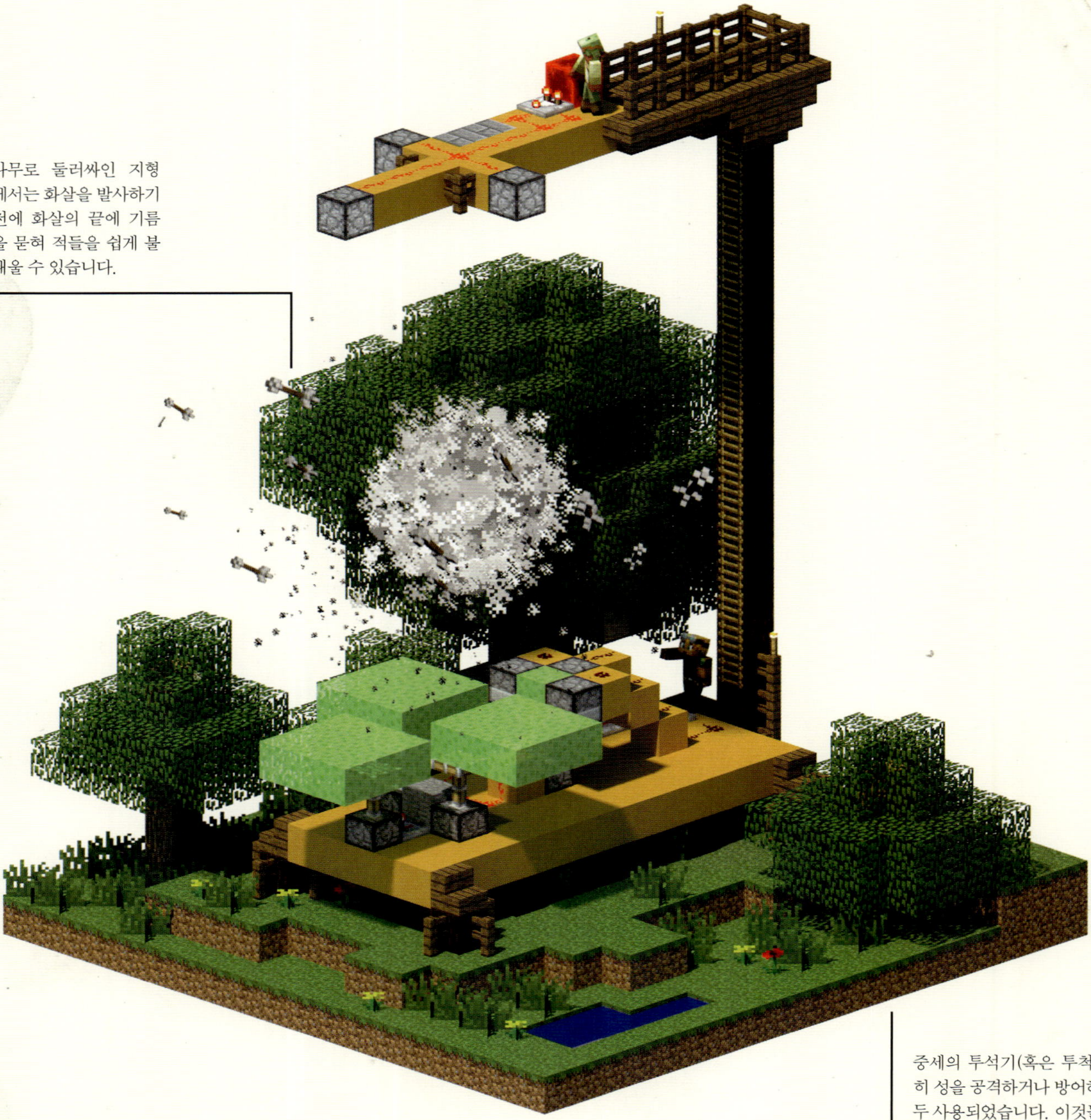

중세의 투석기(혹은 투척기)는 흔히 성을 공격하거나 방어하는데 모두 사용되었습니다. 이것들을 이용하여 적들에게 돌, 화살, 불타는 기름을 던졌습니다.

건축 설계도

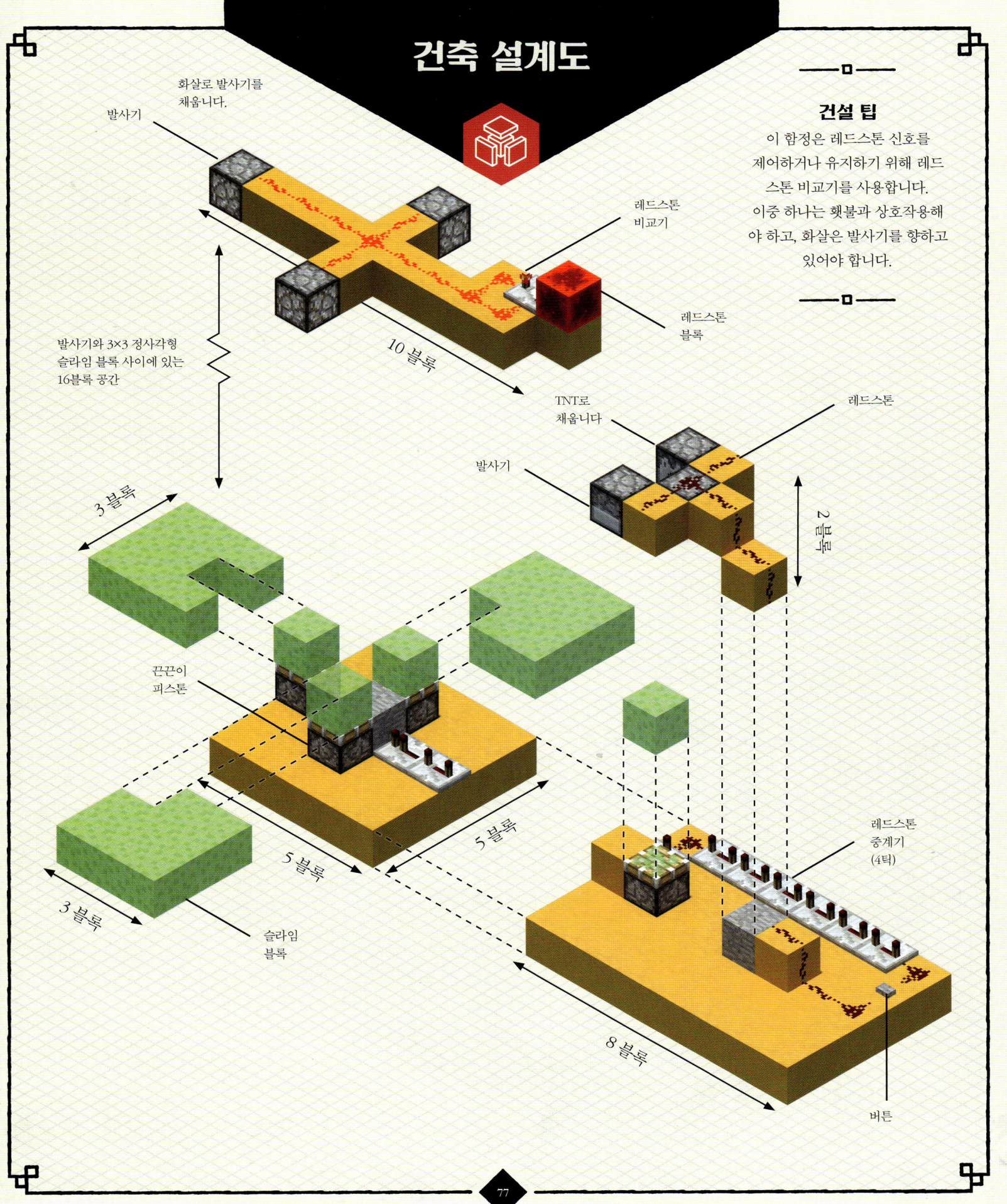

화살로 발사기를 채웁니다.

발사기

레드스톤 비교기

레드스톤 블록

건설 팁

이 함정은 레드스톤 신호를 제어하거나 유지하기 위해 레드스톤 비교기를 사용합니다. 이중 하나는 횃불과 상호작용해야 하고, 화살은 발사기를 향하고 있어야 합니다.

10 블록

발사기와 3×3 정사각형 슬라임 블록 사이에 있는 16블록 공간

TNT로 채웁니다

발사기

레드스톤

2 블록

3 블록

끈끈이 피스톤

5 블록

레드스톤 중계기 (4틱)

5 블록

3 블록

슬라임 블록

8 블록

버튼

제대로 이해하기

화살 투석기는 인상적인 겉모습만큼 복잡합니다. 이것은 발사 장치와 장전 장치 그리고 이들을 자동화한 긴 레드스톤 회로, 이렇게 두 개의 중요한 시스템을 가지고 있습니다. 어렵지만 결과적으로는 만들어 볼 가치가 있습니다. 다음의 안내에 따라 궁극의 성 방어 무기인 화살 투석기를 만들어 보세요.

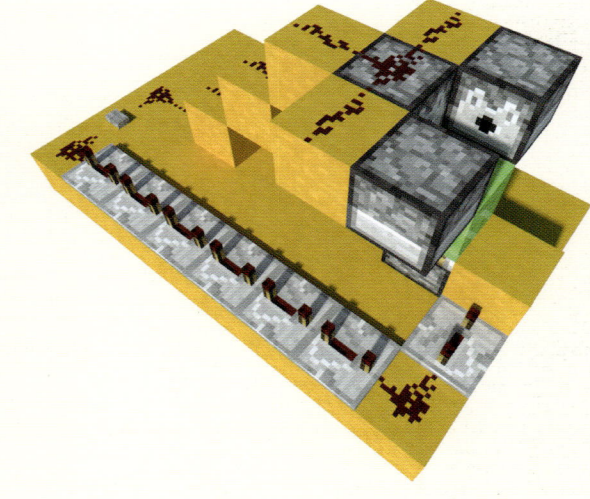

TNT 발사기

이 무기의 첫 번째 부분은 TNT 발사 장치입니다. 버튼이 눌리면, 발사기는 끈끈이 피스톤 위에 있는 슬라임 블록에 TNT를 장착합니다. 버튼은 또한 끈끈이 피스톤에 일련의 레드스톤 중계기로 조절된 레드스톤 전류를 보냅니다. 그렇게 되면 피스톤은 공중으로 TNT를 날려 보냅니다.

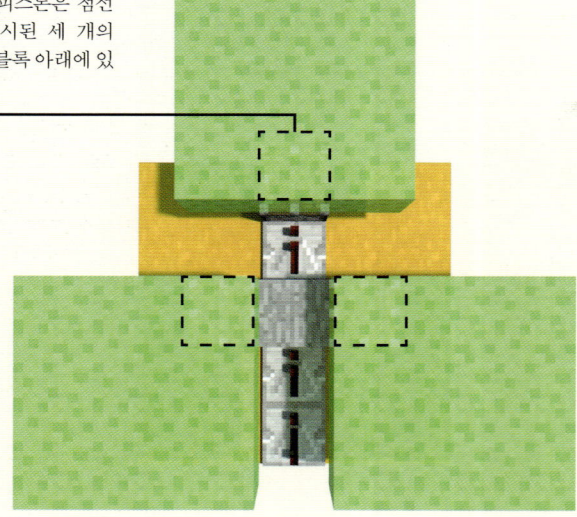

끈끈이 피스톤은 점선으로 표시된 세 개의 슬라임 블록 아래에 있습니다.

슬라임 발사 장치

세 개의 슬라임 블록 발사 장치 패드 밑에는 끈끈이 피스톤이 있습니다. 발사 장치는 TNT 발사기와 같은 버튼에 의해 전원이 공급됩니다. TNT가 발사된 후 짧은 레드스톤 전류가 수신되면, 피스톤은 이것을 공중으로 밀어 올려 공중에 화살을 발사합니다. 그러면 TNT가 폭발하면서 화살을 쏟아 붓습니다.

장전 플랫폼은 발사 장치의 16 블록 위에 만들어야 합니다. 그렇지 않으면 TNT에 의해 폭파될 수 있습니다.

장전 플랫폼

발사 메커니즘이 준비되었다면 탄약이 필요합니다. 레드스톤 블록은 레드스톤 비교기 뒤에 위치하여 장전 플랫폼에 전원을 공급합니다. 비교기가 켜지면 발사기에 전원을 제공하고, 아래 발사장치 패드로 화살들을 떨굽니다.

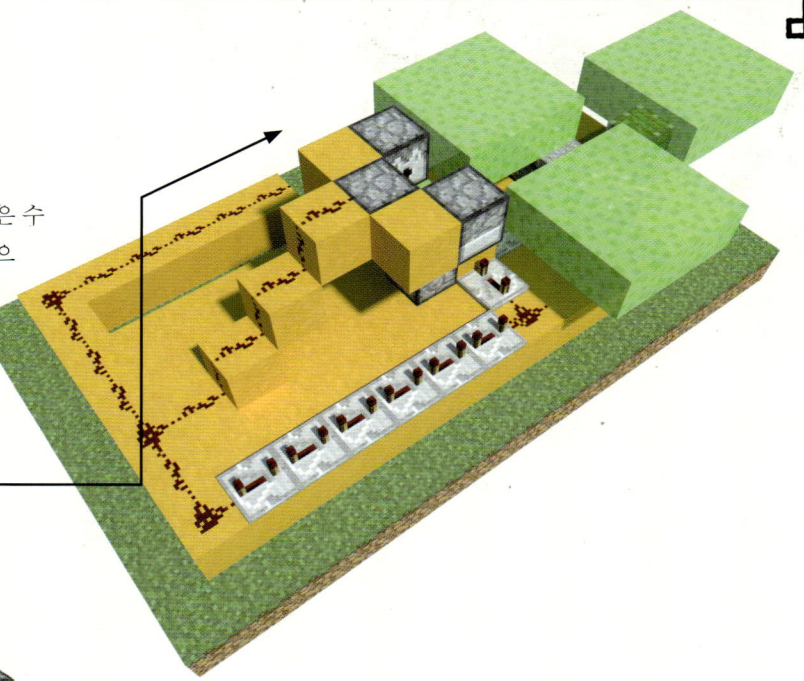

 ## 자동화 시키기

이제 장전 장치와 발사 장치들이 준비되었습니다. 그러나 이것들은 수동으로 제어됩니다. 이 장치들을 자동화하기 위해서는 레드스톤으로 발사 메커니즘을 제어하는 버튼을 교체해야 합니다. 여기서 발사 장치의 앞을 지날 때까지 장치의 주변에 레드스톤을 놓습니다. 이 연결된 레드스톤은 장전 철사 덫으로 이어질 것입니다.

레드스톤은 이 방향으로 진행해야 합니다.

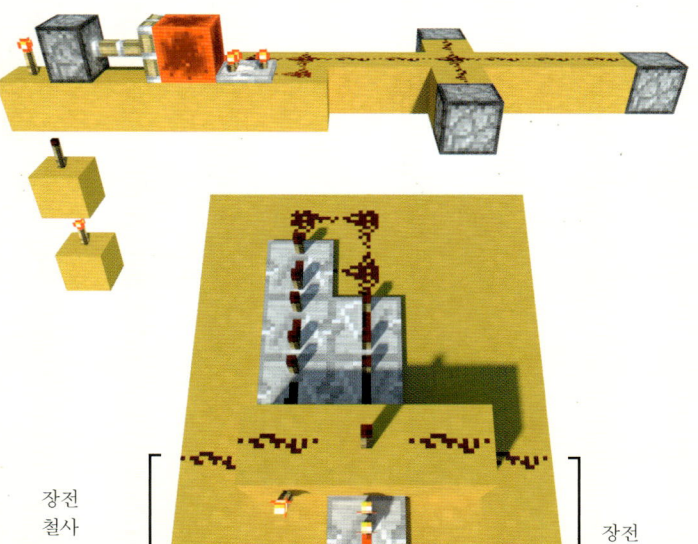

장전
철사
덫에서

장전
장치까지

 ## 자동 장전 장치

장전 장치를 자동화하기 위해서는, 레드스톤 비교기를 켜고 레드스톤 블록을 한 블록 뒤로 옮깁니다. 레드스톤을 밀어 비교기에 전원을 공급할 수 있도록 끈끈이 피스톤을 그 뒤에 놓습니다. 세로로 이어진 레드스톤은 장전 장치를 지상까지 연결시켜 줍니다. 연결을 따라 그림과 같이 왼쪽으로 차단기를 추가합니다. 이것은 다시 전원이 끊기기 전에 짧은 기간 동안 레드스톤 블록을 앞쪽으로 미는데, 이는 한 번에 많지 않은 수의 화살들이 사용된다는 것을 뜻합니다.

철사 덫의 길이

이제 양쪽 메커니즘을 위한 레드스톤 연결이 준비되었고, 다른 쪽으로 계속 이어가야 합니다. 장전 회로 연결은 170 블록 떨어진 멀리까지 이어집니다. 이 거리에서 블록을 놓고 여기에 철사 덫 갈고리를 추가한 후, 성의 벽까지 끈을 평행하게 잇고 또 다른 철사 덫 갈고리를 추가합니다. 발사 장치 메커니즘 연결도 같은 방식으로 만드는데, 110 블록 거리의 철사 덫을 잇습니다. 이제 누군가 성을 향해 진격해 오면 두 메커니즘을 활성화 시키게 되고, 75블록 떨어진 주변까지 화살로 일제히 사격하게 됩니다.

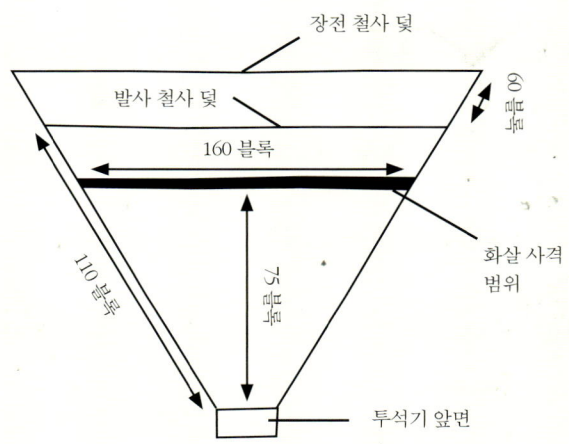

장전 철사 덫

발사 철사 덫

160 블록

60 블록

110 블록

75 블록

화살 사격 범위

투석기 앞면

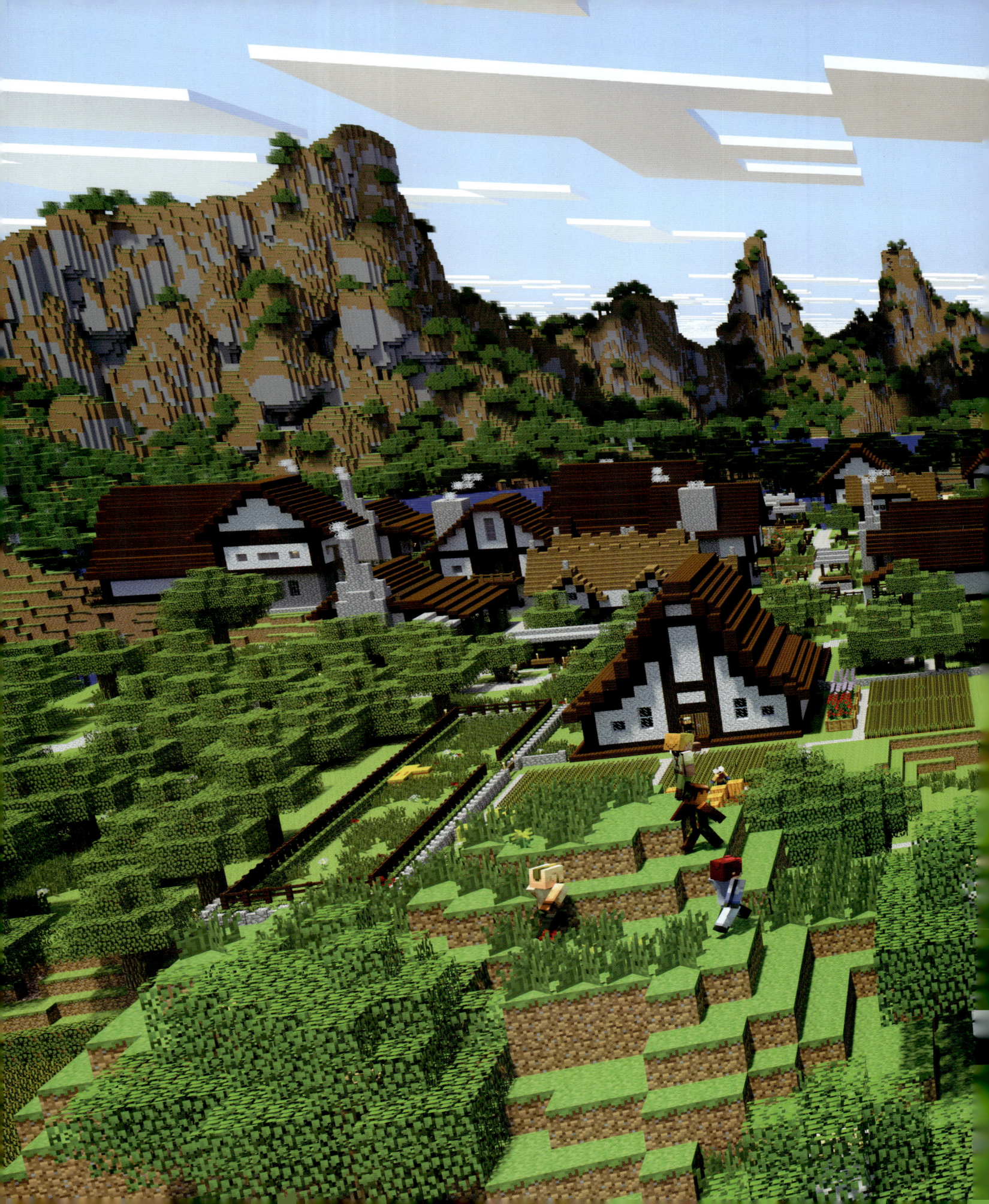

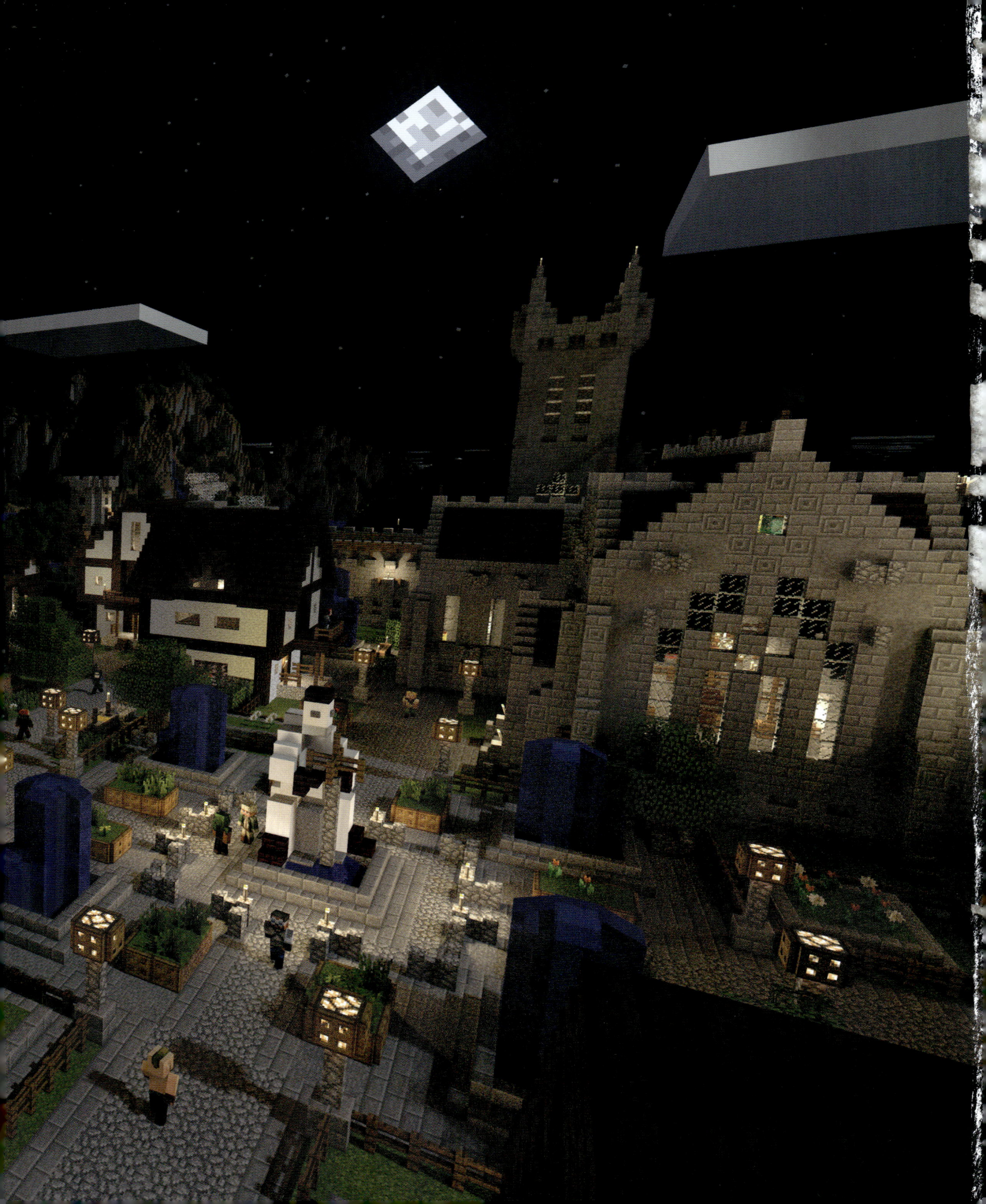

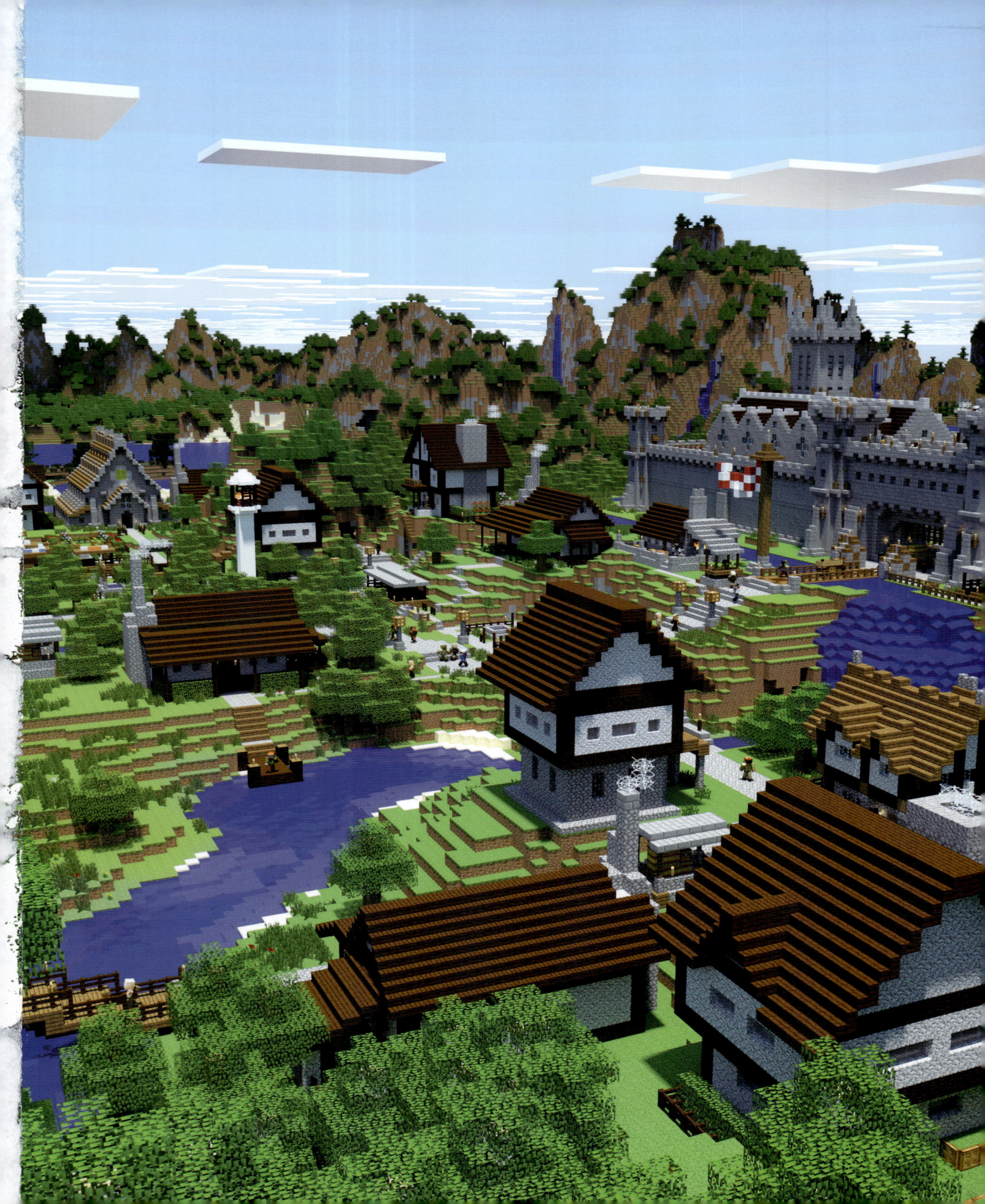

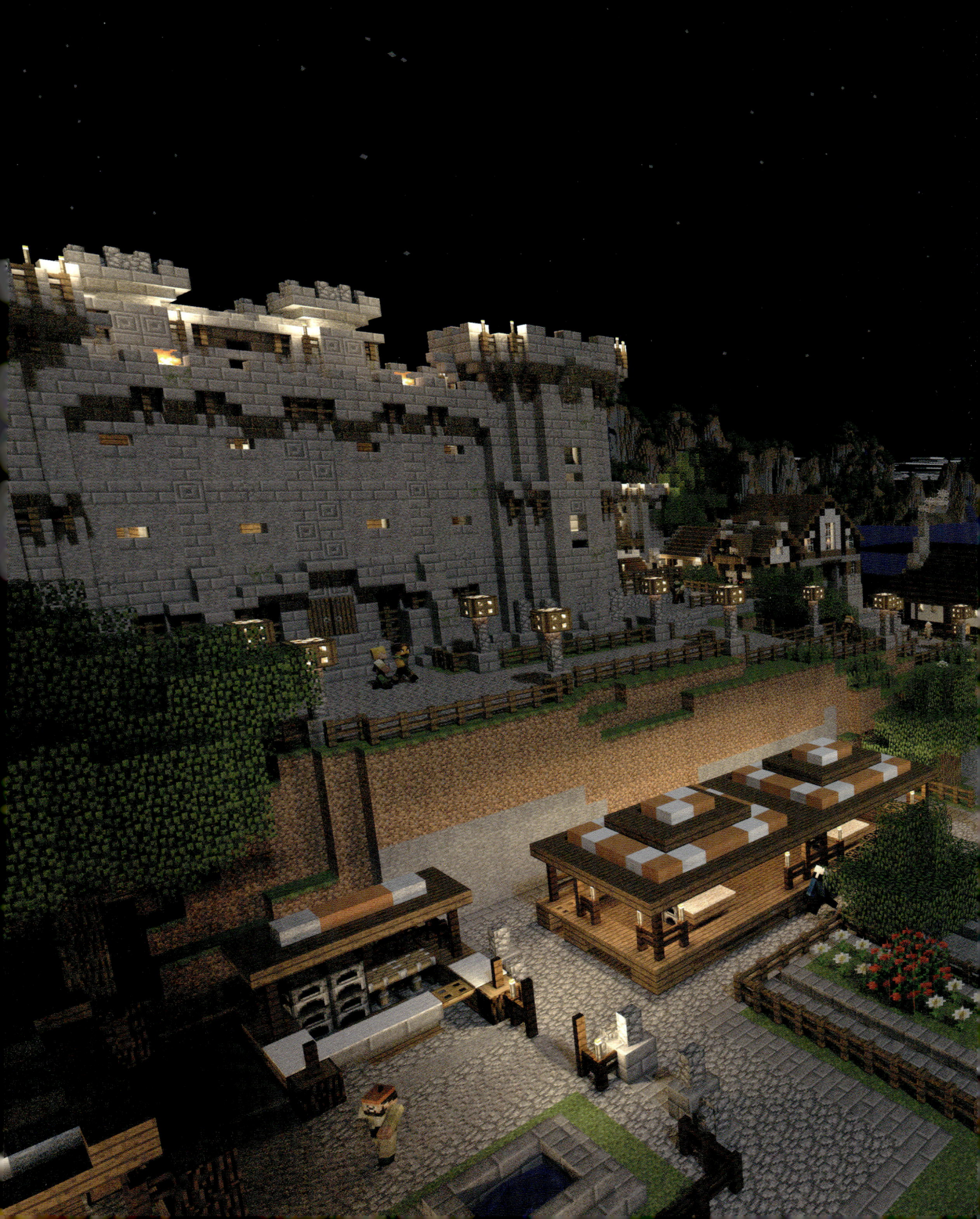

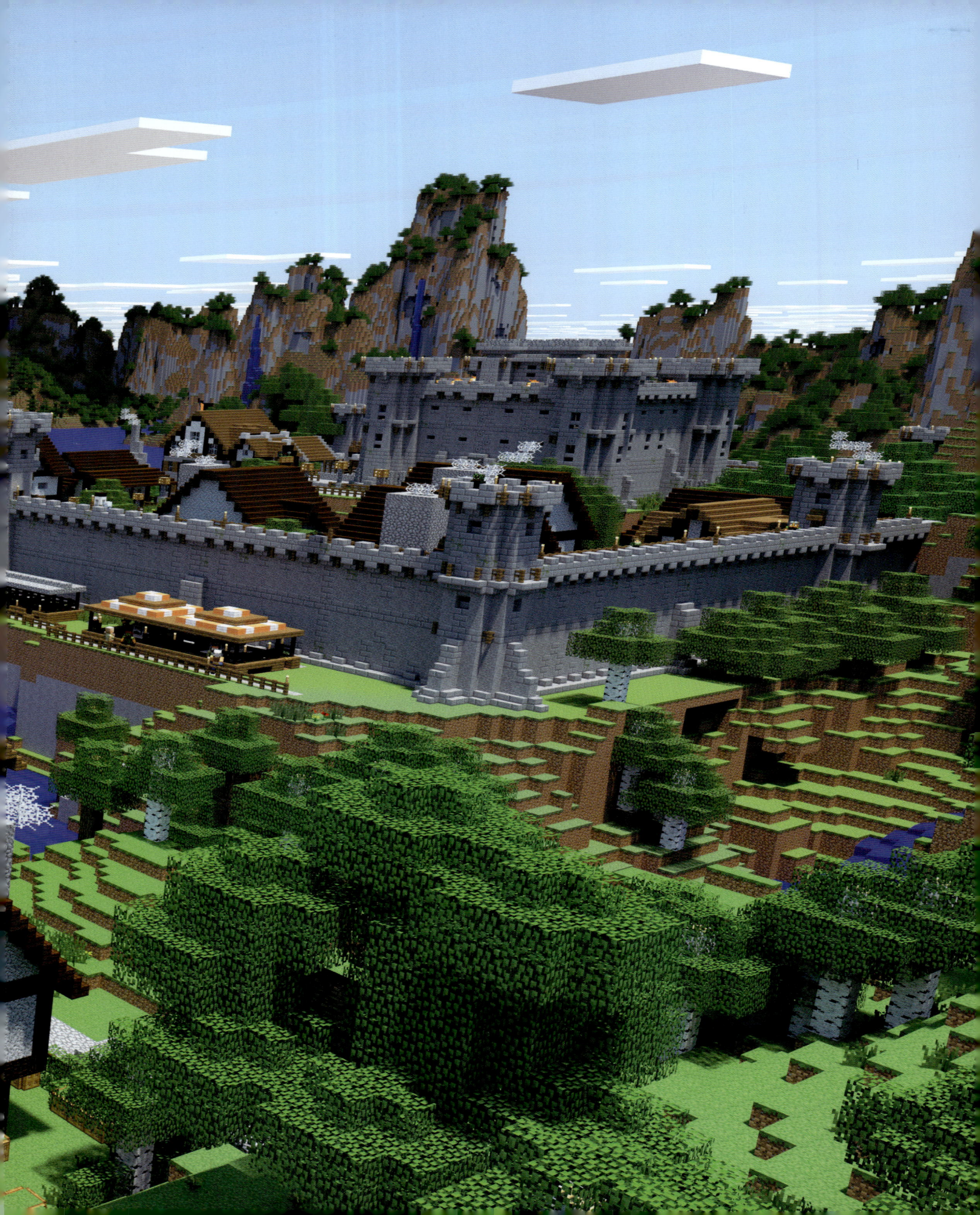

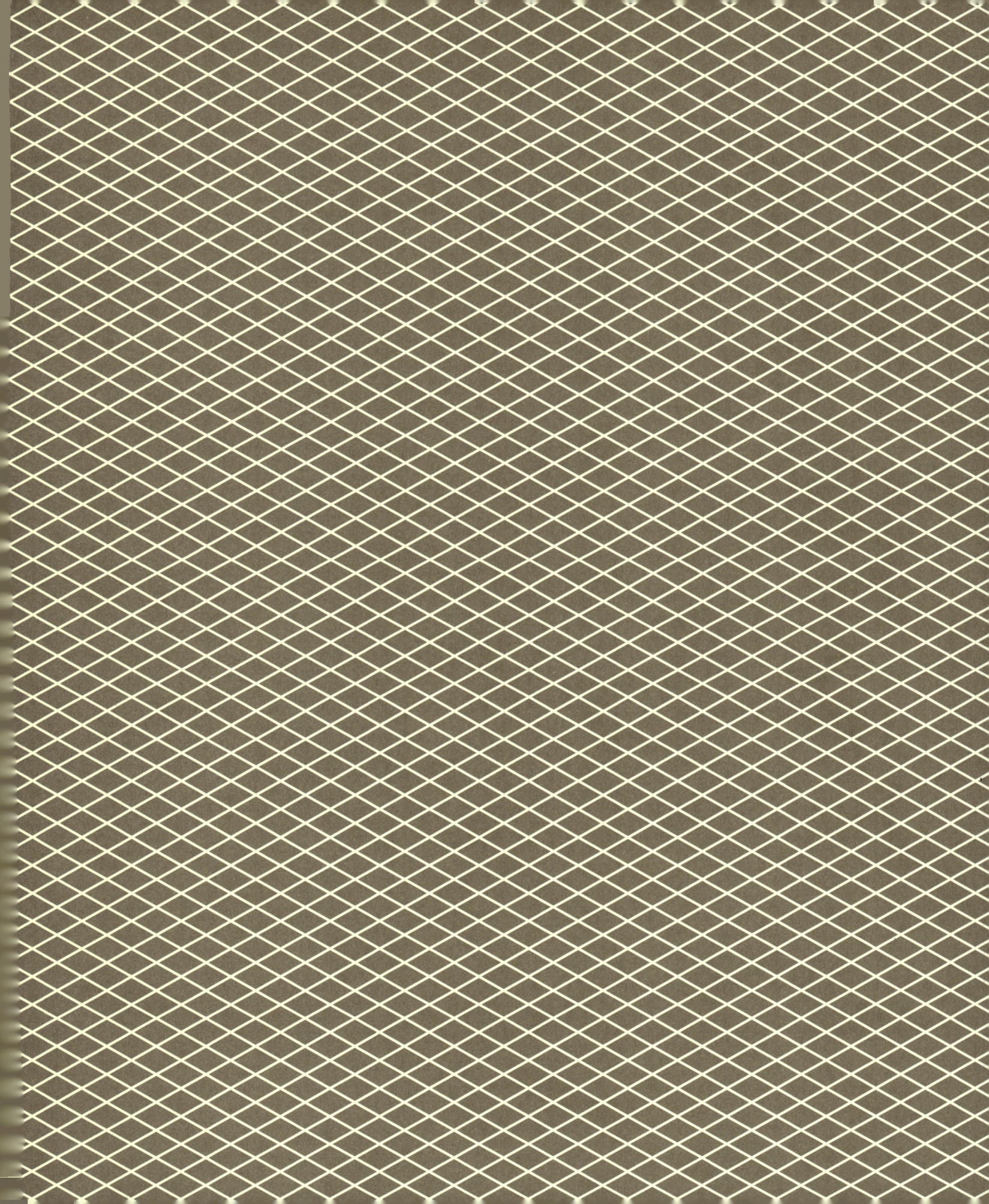

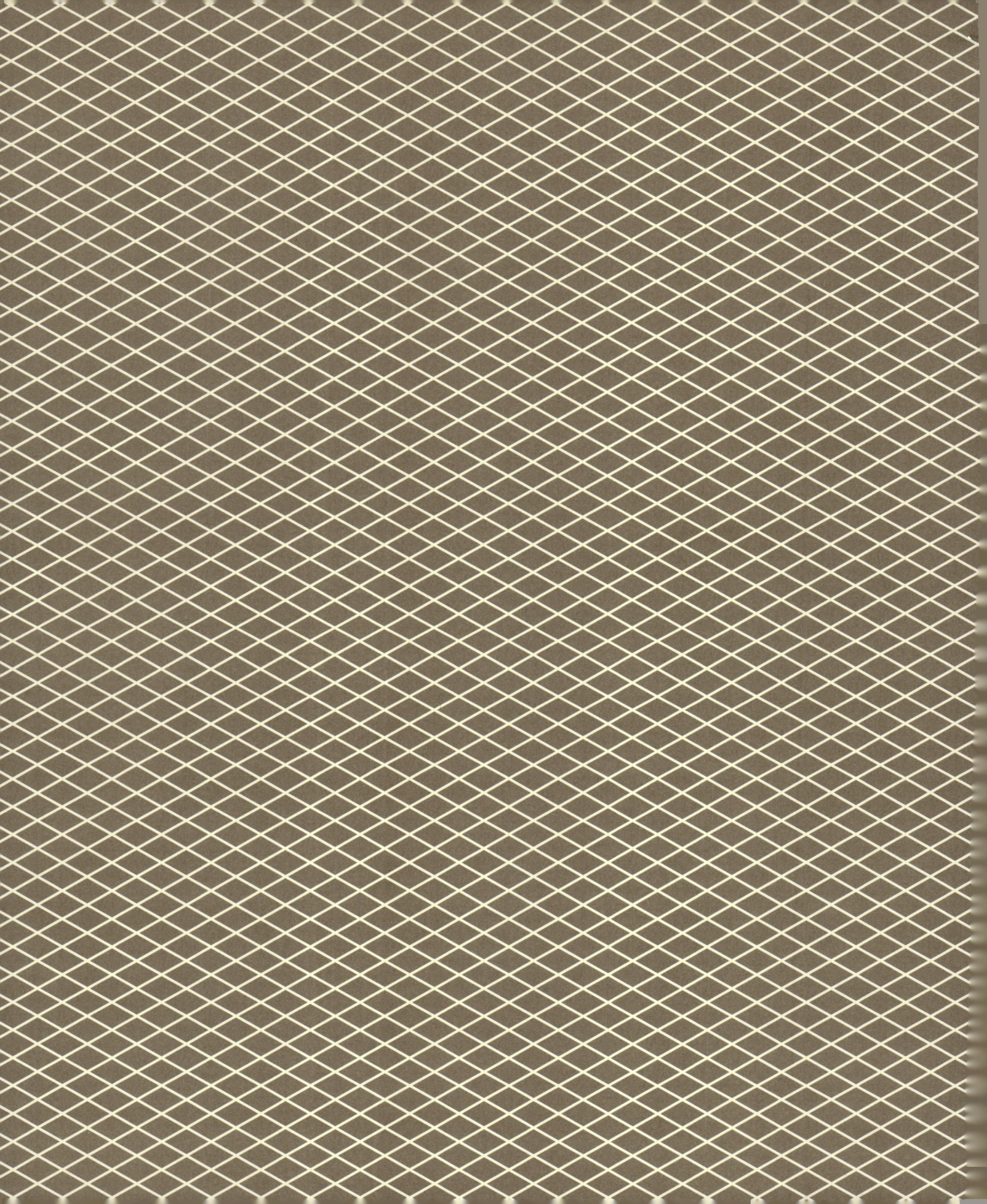